これまで、どんなエクササイズでも
やせられなかったあなたへ。
ドクターが考案し、
自らその効果を実証した方法
——どこででも、カンタンにできる
究極のメソッドをお教えします。

それは、その場でジャンプするだけ。
ジャンプといっても、
背すじを伸ばし、床から足が少し離れる程度に
跳ぶだけで大丈夫。
〝ゆるゆる〟のジャンプ法です。
1回1分、1日3回
ゆるくジャンプするだけで
スルスルやせられ、健康になれます！

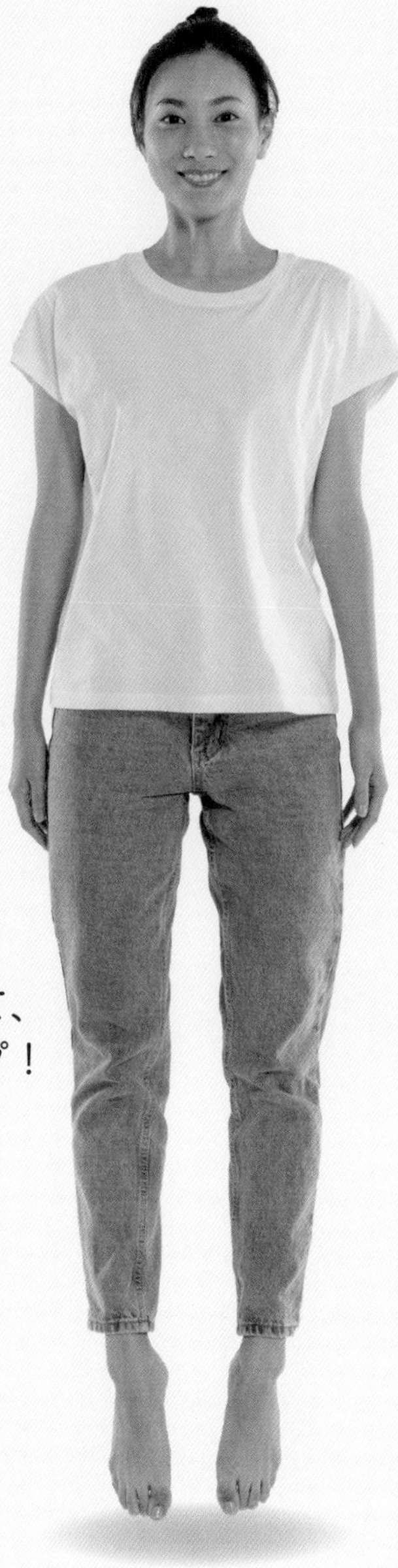

背すじを伸ばして、
ゆる～くジャンプ！

BEFORE

大好物のパスタと白米でできた脂肪がたっぷりのった2019年の私。体重82kg、腹囲86cm。

上の写真が、2019年の私です。

ゆるジャンプを続けたおかげで、1年で体重が10kg減り、腹囲も5cm細くなりました。

同時に食事も変えるようにし、糖質制限も合わせて行いましたが、このジャンプ法のおかげで、さまざまな体の不調も解決しています。

この方法はむずかしい動きなどなく、器具も不要で、どこでも気楽にできるのが大きな特長です。

それでいて、エネルギーを想像以上に消費します。

初めは、娘に得意だった縄を使った二重跳びを見せようとしたところが、あえなく1、2回

AFTER

ぜい肉を落とし、「若返ったね〜」と言われるようになりました（2020年）。体重72kg、腹囲81cm。

で足がもつれてしまい、体力が落ちていることにショックを受けたのがスタート。そこで、ジャンプだけなら縄も要らず、どこでもできると始めたのです。

ゆるジャンプを毎日の習慣にし、同時にできるだけ歩くようにしたこともあって、その成果はご覧のとおり。

ジャンプすることで、下半身の筋肉を鍛えられます。この部分は、長い人生をおくるために強化すべき筋肉です。いつまでも自分の足でしっかりと歩き、自立した生活をおくるためにも、このジャンプ法をぜひあなたの生活に取り入れてください。

と有酸素運動のW効果！

太ももの筋肉を使うことで、効率よく脂肪や糖を燃焼できる

太ももの前面にある大腿《だいたい》四《し》頭筋《とうきん》と裏側にあるハムストリングスは、人体の中でもっとも大きな筋肉。この筋肉を使うことで、効率よくやせることができます。

腹部にも力が入るので、お腹が引き締まる

跳び上がる時には、腹部にも力が入っています。そのため、全身の痩身に加えて、お腹の引き締めも行うことができます。ひとつの動きで、腹筋も鍛えられるというわけです。

骨が丈夫になり、骨折しにくくなる

骨は常に新陳代謝を行っていますが、骨がつくられるためには重力の負荷が不可欠。ジャンプすることでタテ方向に刺激が加わり（負荷がかかり）、骨密度が高まります。

体幹を鍛え、バランス力がアップして転倒しにくくなる

まっすぐ跳ぶためには、体幹をしっかり保つ必要があります。ということは、背骨周辺の筋肉が鍛えられるということ。そのため、バランス力が高められ、転倒予防に。

跳ぶことで気分がリフレッシュする

高く跳ぶことには、空を飛べない人間にとってある種の憧れがあるもの。ジャンプする時は気持ちが高揚するものです。ちょっとした気分転換にもなります。

その場で跳ぶだけ　筋トレ

全身の筋肉を使うので、代謝がアップする

ジャンプする時には、重力に対抗して全身の筋肉を働かせるので、代謝がアップします。代謝が高まると、消費するエネルギー量も増えます。

有酸素運動で脂肪が燃焼し、血管が若返る

ゆるジャンプは、呼吸を整えながら行う有酸素運動でもあります。酸素を取り入れながら行う運動は、脂肪を燃焼させ、しかも血管を柔らかく保つ効果があります。

動脈硬化をはじめ、万病の元である内臓脂肪が消費される

内臓脂肪を消費することで、高血圧・糖尿病・脂質異常症を促進する物質の分泌が低下します。それによって動脈硬化、また脳梗塞や心筋梗塞の予防につながっていきます。

血流がよくなり、高血圧・高血糖が改善される

ふくらはぎの筋肉も、ジャンプで鍛えられます。ふくらはぎは血液を心臓におくり返す働きがあるので、血流がよくなり、高血圧・高血糖が改善されます。

体のバランスがよくなり、腰痛や肩こりが改善する

体幹が弱くなり、左右のバランスがくずれると、肩こりや腰痛も起こりやすくなります。体幹を鍛えることで、これらの不調が改善されます。

内臓脂肪を減らすことで、免疫の老化を予防する

内臓脂肪が蓄積すると、免疫の働きが低下します。内臓脂肪を減らすことで免疫の働きを高め、感染症の重症化を防ぎ、がんのリスクなどを低下させることが期待できます。

PART I
ヘルシーにやせる！『ゆるジャンプ』

朝食

ベジファースト

体重計

内臓脂肪

この運動も取り入れたい①　スクワット▼92

PART Ⅳ キレイに、健康的にやせる食べ方、生活術

ご注意

ゆるジャンプをやってはいけない人

×心臓病、脳血管の病気などで運動を止められている人

×膝や股関節などの病気、腰痛など、整形外科関連の病気がある人

以上の方は、ゆるジャンプをお控えください。

※その他、病気で通院中の方は、主治医の先生にご相談ください。

PART 1

ヘルシーにやせる！「ゆるジャンプ」

ゆるジャンプでやせられる！たったひとつの運動がこんなに効く！

ゆるジャンプの持つスゴさ、パワーをお教えします。

人体で最大の筋肉を鍛えて、効率よく脂肪を燃焼させよう

運動は、ダイエットに欠かせない重要な要素です。運動することで筋肉は鍛えられ、運動によってその筋肉でエネルギーを使って、代謝を進めることができるのです（代謝とは、生命維持のために体内で行われる一連の反応）。減量のためには、下半身の筋肉を使うことがもっとも効果的です。それは、下半身に人体で約半分の筋肉が集中しているからです。

太ももの前面には大腿四頭筋《だいたいしとうきん》という、下腿を伸ばす時に働く、体の中でもっとも

大きな筋肉群があります。この筋肉を使う運動を行うと、効率よく体内の脂肪や糖を燃焼することができるのです。ゆるジャンプは、大腿四頭筋に加え、太ももの裏側にあるハムストリングスという、膝を曲げる時に働く筋肉群も鍛えてくれます。ハムストリングスも、大きさの上では大腿四頭筋と並ぶトップクラス。

ジャンプすることで、これらの太ももの筋肉は鍛えられ、痩身効果を生むのです。

太ももの健康は将来を左右する

私が勤めている愛媛大学医学部附属病院では、国立大学で初となる「抗加齢センター（現・抗加齢・予防医療センター）」を2006年に立ち上げ、健康で長生きするための研究や治療に取り組んできました。人生100年時代と言われ、寿命はどんどん伸びています。しかし、晩年、日常生活で介護を必要とする期間は約10年以上にものぼります。その約10年を健康で寝たきりや認知症にならず、できるだけ自分の足で歩き、自立した生活をおくる――このように、介護を必要とせずに生活できる期間を「健康寿命」と呼んでいます。健康寿命を延ばすためには、下半身の筋肉を強化することが重要であることが、私たちが行ってきた研究で明らかになってきました。太ももの筋肉量が少ないと、動脈硬化が進行しやすく、骨も衰え、体のバランス能力が低下して、転倒しやすくなるのです。

血液を心臓におくり返すふくらはぎの筋肉が強化される

ゆるジャンプでは、ふくらはぎの筋肉も強化されます。ふくらはぎの筋肉には、心臓からおくられてきた血液を心臓に戻すポンプ機能があり、重力に逆らって、血液をおくり返しています。筋肉が弛緩《しかん》と収縮を繰り返すと同時に、筋肉内の静脈も弛緩と収縮を行うことで、下半身に流れ込んだ血液を心臓へと戻すのです。この筋肉が衰えると、こういったポンプ機能を十分に果たすことができなくなり、血流が悪くなります。ゆるジャンプでそのポンプ機能を高め、全身の毛細血管までたっぷりと血液を届けましょう。

また、血液の循環がよくなれば、心臓にかかる負担が減って、高血圧の予防・改善に有効で、しかも高血糖の改善にも役立ちます。

全身運動であり、お腹も引き締められる

ふくらはぎを鍛えるためには、44ページでご紹介するような「かかと上げ下げ」を患者さんにオススメしてきましたが、ゆるジャンプは、さらに全身を使うところに意味があります。ゆるジャンプは、ふくらはぎや太ももだけでなく、全身の筋肉も使います。全身の筋肉を使うと、代謝がアップします。ゆっくりと呼吸を整えながら行うので、酸素を取り込みながら行う有酸素運動でもあります。有酸素運動は脂肪を燃焼させる上、血管の柔らかさ、若さを保つために大切な運動です。つまり、ゆるジャンプは筋トレ＋有酸素運動のW効果を持った、効率のよい運動なのです。

跳び上がる際にはお腹のあたりにも力が入っているので、腹筋もだんだん固く締まってきます。それは、私自身が実感していることです。

骨が丈夫になり、折れにくくなる

人体は、常に地球の重力に引っ張られています。この重力の負荷は骨の強度にとって、とても大事です。跳ぶことによって、骨にはさらに重力の負荷がかかります。骨細胞は常に古い細胞がこわされて吸収され、一方では、新しい細胞がつくられてそれに置き換わっていきます。重力がかからない状態になると、新しい細胞の生成が古い細胞の破壊・吸収に追いつかなくなり、骨密度が低下します。ジャンプする時には、ふだん以上に重力の負荷がかかります。そのため、骨が丈夫になり、骨折の予防も期待できます。

体幹を鍛えるので、転倒しにくくなる

まっすぐ跳んで元の位置にずれることなく着地するのは、むずかしいものです。

体を上に引き上げる時には、体幹をしっかり保つ必要があります。ということは、まっすぐ跳んで元の位置に着地する動作では体幹をトレーニングしているわけです。体幹として体を支えている背骨の両わきの脊柱起立筋《せきちゅうきりつきん》のほか、その周辺で体の中心を支えている筋肉も鍛えます。この体幹がしっかりしていないと、バランスをくずしてふらついたり、転倒しやすくなります。また、体幹が弱体化し、体のバランスがくずれると、肩こりや腰痛も起こりやすくなります。

両手を上げて跳ぶと、ダイエット効果アップ

また、上に手を上げて行うジャンプ法もご紹介しますが、その時には上半身の筋肉も使います。さらには背中の肩甲骨も外に開くので、代謝はさらにアップします。肩甲骨は背中の上部の左右にある三角形の平たい骨のこと。その付近には「褐《かっ》色《しょく》脂肪細胞」が密集しています。この褐色脂肪細胞は、熱をつくるミトコンドリアという細胞内器官が多く存在しており、熱を生み出す働きがありますが、一般に

加齢とともに減少します。

褐色脂肪細胞が熱を生み出す能力は、筋肉の何十倍もあると言われており、ダイエットにおいては、加齢とともに減少するこの褐色脂肪細胞を活性化させる必要があると注目されています。

こんな右半身の不調が改善した

私自身の体験でもっともよかったのは、以前から悩まされていた右足の痛みがなくなったことです。私は右の腰椎《ようつい》（背骨の腰部の部分）にヘルニア（腰椎の骨と骨の間にあるクッションの働きをする椎間板《ついかんばん》の一部が飛び出して神経を圧迫する状態）があり、中学時代から右膝、右足に痛み・しびれが出ていました。左半身でかばうようにして生活していたようで、左肩、左肩甲骨あたりのこりもひどかったのです。

40歳代後半からは、右足のアキレス腱が切れそうなくらいの鋭い痛みを感じることもありました。そのため、痛みを感じて歩けなくなることがあり、また、階段を歩く時には右側をかばって歩いていました。10分の歩行でもへたばっていたので、歩く量も減っていました。が、今は1時間でも普通に歩けるようになりました。肩こりも改善しています。これは、脊柱起立筋が鍛えられたためと考えています。

跳ぶのは気分が高揚して、心地よいもの

ジャンプすると、気持ちが高揚します。人間は常に重力に引っ張られているので、重力に逆らって運動することで、いつも下方に引っ張られている筋肉を上に上げ、一瞬でもこの重力から解放されるのは、快感につながるのではないかと思います。走り高跳び、棒高跳びなどの競技で超人のように跳ぶ姿を見て、驚嘆しない人はいないでしょう。バレーボールなどで、ジャンプしながら相手コートにボールを打ち込む姿は爽快です。人間は、天に向かって跳ぶことにある種の憧れがあるような気がします。

＼まずは、1回でもゆる〜く跳んでみましょう／

では実践編です。むずかしいことは一切ナシ。さっそく今日から始めてください。

いつがいいの？

毎食後、あるいは食前に行いましょう。可能なら朝昼晩の3回。朝と晩の2回だけでもOKです。私はお風呂が大好きで朝と晩、1日2回入浴しており、今は、これらの入浴後の体が温まった状態でゆるジャンプをしています。

準備は？

バスマットやヨガマットのようなクッション性のある敷物を敷き、膝や足首を痛めないようにします。私は、浴室の脱衣所にあるバスマットにタオルを重ねて行っています。大きくジャンプする場合は、集合住宅であれば、敷物を厚くするなどして階下への振動には十分注意しましょう。屋外で行うのも一法。硬いコンクリートやアスファルトは避け、地面でトレーニングシューズをはいて行いましょう。

何歳でもできるの?

何歳になっても可能です。足が床から少し離れるくらいでも十分です。体と相談しながら、無理のない回数から始めましょう。呼吸も整えて。

痛みが出たら?

足首や膝などに痛みが出たら、ジャンプは休みましょう。痛みが長く続くようなら、医療機関で診てもらってください。

ゆるジャンプの前に準備運動をしましょう！

体に負担をかけないように、またけがを防ぐために、準備運動で手足をほぐしましょう。

① 手首、足首をゆっくりまわす

手足をぶらぶら
させるだけでもよい。

手首、足首を両方向にゆっくりまわします（20回程度）。

仰向けになって手足を垂直に伸ばし、手首、足首をぶるぶると揺らしてもよい。

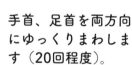

2 膝の屈伸をする

膝を曲げます（10回程度）。大腿と下腿の角度は90度までにします。

もし90度以上曲げるとしたら、途中で止めることなく、大腿が完全に下腿につくくらいしゃがむようにする。

大腿と下腿の角度が90度以上になると、膝を痛めるので注意。

軽く跳ぶだけのゆるジャンプ。気軽に始めてみましょう

最初は数回でもOKです。回数にはこだわらず、できる範囲で軽くジャンプします。慣れないうちは、柱などを支えにしてもよいでしょう。ふらつくような時には、とっさにつかまれるよう壁の近くなどで行います。私は1分間で100回跳んでいますが、回数にはこだわらず、できる回数から始めましょう。速くジャンプする必要はなく、呼吸を整えながら、自分のペースで行います。私は、ヴァン・ヘイレンの「ジャンプ」を心の中で流しながらジャンプしています。

① 両手足の力を抜いて、背すじをまっすぐに伸ばして立つ

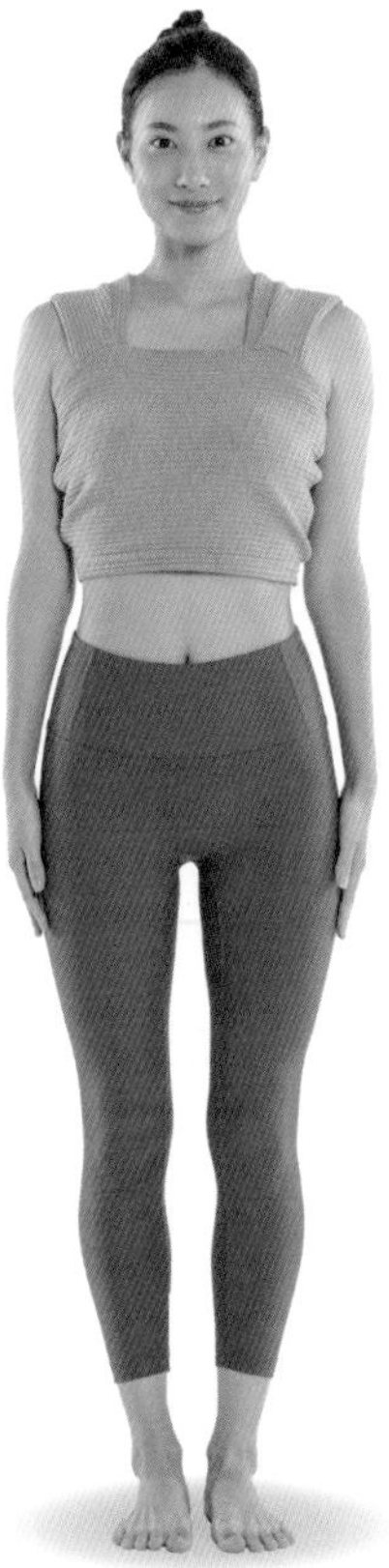

手は自然に下ろします。目線はまっすぐ、前を向きます。

2 かかとが床から少し離れる程度に跳ぶ

かかとが床から離れたら十分で、高く跳ぶ必要はありません。ジャンプを1、2、3…と数えながら小刻みに行います。呼吸は自然にし、止めないようにします。

3 着地する時には、膝を軽く曲げる

膝を軽く曲げて着地します。

※痛みを感じたり体調が悪くなった場合には、ジャンプを止め、専門医にご相談ください。

基本のゆるジャンプがラクラクなら

大きく跳ぶと効力が高まります

基本のゆるジャンプだけでもよいですが、より大きくジャンプすると効果が高まります。基本より高く跳ぶことを意識します。毎回続けて高く跳ぶのはむずかしいので、1、2、3、4の次の5や10の回だけ高く跳ぶようにしても……。

大きくジャンプします

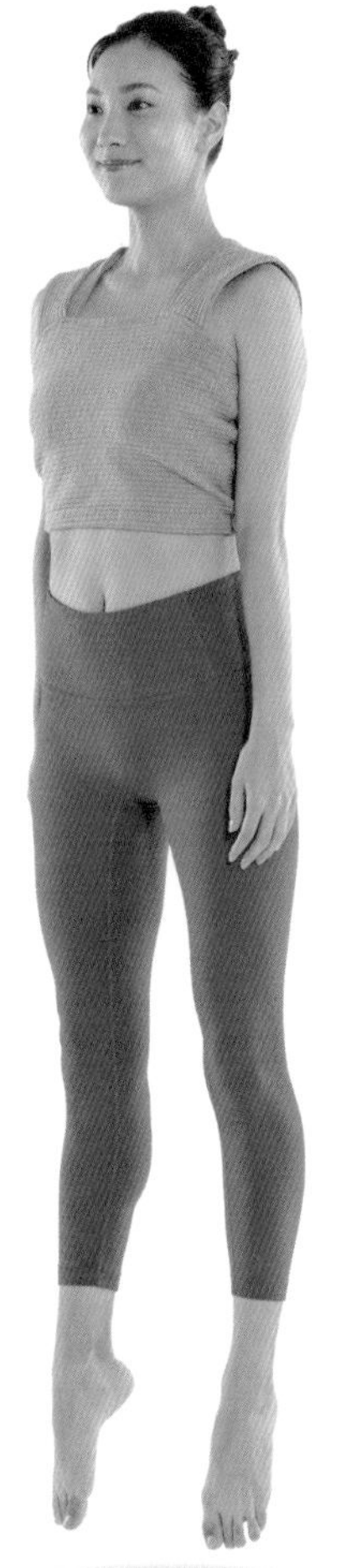

※痛みを感じたり体調が悪くなった場合には、ジャンプを止め、専門医にご相談ください。

ポイントはひとつだけ――

まっすぐ跳ぶこと

着地する場所が跳んだところとずれないよう、まっすぐ跳ぶのがコツ。これは、案外むずかしいもの。私は、小さなバスマット内で着地する位置がずれないよう跳ぶことを心がけています。

背すじを伸ばして

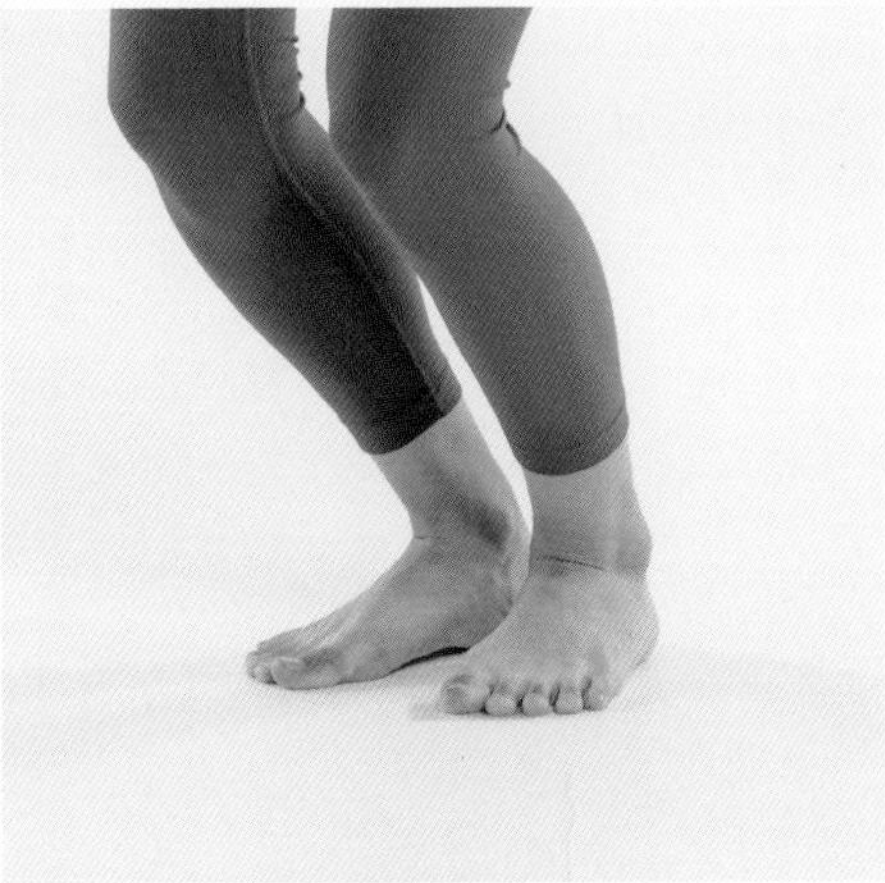
同じ位置に着地するように

手を上げて跳ぶことで骨盤が立ちます

両手を上げた状態でジャンプすると、骨盤が立ち、スタイルアップにさらに効果的。骨盤を立てると、姿勢がよくなりますし、腰痛予防にもなります。両手を上に上げた状態で体幹をまっすぐ保って跳ぶのは、むずかしい動きですが、背骨の両側についている脊柱起立筋をはじめとする体幹の筋肉のトレーニングになります。また、肩甲骨が外に開き、代謝がさらに高まります。ＡＢＣのいずれかにトライしてください。

Ａ 万歳をするような両手の形で

両腕を万歳をするようにまっすぐ上に上げて、ジャンプします。

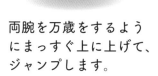

B 「伸び」をするように

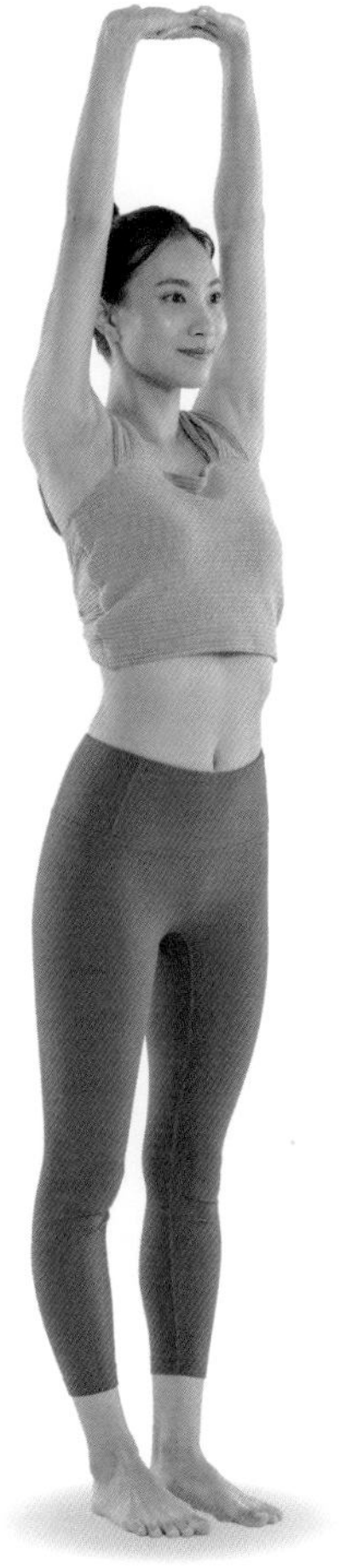

左右の手指を組み、手のひらを上に向けて両腕を伸ばしてジャンプします。

C 手首で両腕を交差させて

両腕を上に上げ、手首でクロスさせて両手を組んでジャンプします。

※痛みを感じたり体調が悪くなった場合には、ジャンプを止め、専門医にご相談ください。

ウエストを絞りたい時

腰をひねりながらジャンプします

左右の手指を組み、ジャンプをする時に腰から上半身をひねると、ウエストに効きます。跳んだ後に上半身のツイストが後についてくるような体の動きになります。これは、基本のゆるジャンプの時にも行っても効果があります。

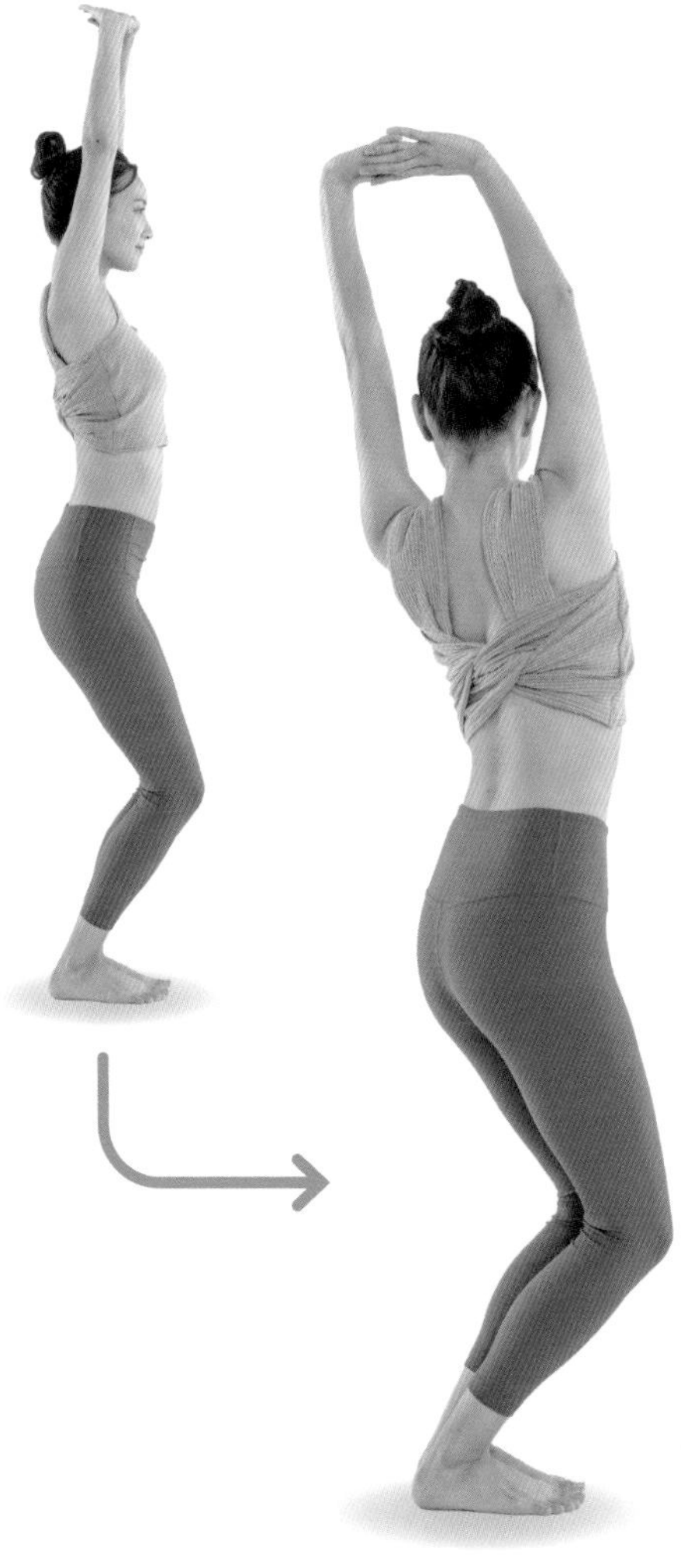

ジャンプ時、上半身をねじる

※痛みを感じたり体調が悪くなった場合には、ジャンプを止め、専門医にご相談ください。

6人が「ゆるジャンプ」を〝リアル〟体験

やせた、むくみが改善、尿もれが解消、ゴルフのミスショットが減った……予想外の健康効果も。

3kg体重が減り、足のむくみが解消しました

26歳　女性

やせたいので、毎朝100回、1分ほどゆるジャンプをしています。ジャンプといっても楽に上に跳ぶ感じで、全然しんどさはありません。無理のない運動で、ラクラク続けられます。

朝、起床後にお水を飲んで「さあ、ジャンプ」という感じで、生活リズムが整いました。5歳の娘もいっしょに跳んだりしています。

体重は現在54・2kg、1か月で3kg減りました。あと2kgの減量が目標です。

卓球を週1～2回やっていますが、ゆるジャンプもプラスして、体調はすごくいいです。

足がむくみやすい体質なのですが、足がむくまないようになったのも成果のひとつです。

Dr. 伊賀瀬から

朝、コップ1杯のお水を飲むのはよい習慣です。寝ている間に、私たちは汗で水分を失ってしまう（脱水傾向になる）ので、早朝は水分補給してから運動をしましょう。

若いお母さんが娘さんといっしょに楽しくジャンプする光景が目に浮かびます。私も、娘が5歳になり保育園で縄跳びを始めた時に、自分がかつて得意だったジャンプができないことに気がつき、愕然《がくぜん》としたことがきっかけで「ゆるジャンプ」を考案しました。ゆるジャンプを行うと体重の減少効果はもちろんですが、ふくらはぎをしっかり使うので、足に流れた血液が心臓に戻りやすくなり、むくみの改善にもつながると思います。

腹囲が2㎝減りました。気分が前向きになります

32歳 男性

この運動は、思い立てばいつでも始められますね。しかも、全然きつくない。ジムに通う必要もなく、家で手軽にできるのがよいです。朝、出勤前に100回跳んでいます。

男としてお腹が出ているのはみっともないし、恥ずかしいもの。お腹をへこませたいと思い、ゆるジャンプを始めました。伸びをするように、両手指を組んで腕を伸ばしてジャンプしています。

体重は600gくらいの減り方ですが、1か月で、腹囲を95㎝から93㎝まで落とせました。

ふくらはぎも引き締まってきました。

毎日、体調はいいです。ジャンプした後は気分が前向きになりますし、休まず運動していることが自信にもつながります。

家は集合住宅で床が薄いため、階下への振動を防ぐ目的もあり、厚いクッションを敷いた上で、かかとがわずかに浮くくらいの跳び方をしています。

Dr.伊賀瀬から

男性で32歳はまだまだ若いと思っている方も多いのですが、最近の若者は肉体労働よりデスクワークのほうが多い方も多く、知らず知らずの間に内臓脂肪がたまってポッコリお腹になる、いわゆるメタボ体型の方も増えています。メタボ体型の方は中年になって脳血管障害（脳卒中）、心血管障害（心筋梗塞、狭心症）を発症する可能性が高くなりますので、要注意です。

メタボ体型の方は、若い年齢でも思わぬけがを避けるため、まずは「無理をせず」、跳べる高さからゆっくり始めていただくのがコツだと思います。メタボ体型の改善ができれば、日常生活も前向きになれますね。

顔、お腹が引き締まってきました。水中歩行も同時に始めて、めまいが解消

66歳　女性

　ぐるぐるとまわりが回るようなめまいに襲われたのは、1か月ほど前のこと。寝返りを打った時、目の焦点が合わなくなったことには、びっくりしました。日中に急にまわりが真っ暗になり何も見えなくなって、目を開けるとしばらく焦点が合わないこともありました。耳鼻科医の娘むこに相談したところ、耳石器《じせきき》や三半規管《さんはんきかん》に問題があると言われ、薬より動くことが大事と運動をすすめられました。

　そこで、週1〜2回は温水プールで水中歩行を始めました。同時に朝晩、ゆるジャンプも取り入れました。１００回まではいきませんが、できる回数だけ跳んでいます。体調がいい時にはたくさん跳び、疲れている時には回数を減らすようにしています。ゆるジャンプは、こういうふうに、その時の体調に合わせていつでも自由に運動できるのがよいところだと思います。

　おかげで、めまいはよくなりました。また以前は、夜中に目が覚めることが多かったのですが、朝までぐっすり眠れるようにもなり、体調がすごくいいです。

　仕事でかかとのある靴をはいているせいか、背中から肩にかけてくることが多かったのですが、だいぶラクになりました。

プールで知り合った人からは、「最近、顔が締まったね」と言われています。お腹はぺったんことはいきませんが、引き締まってきています。
体重は、62kgと運動する前より1kg減りました。

Dr.伊賀瀬から

年齢とともにめまいを経験する方は多くなります。もちろん一度は耳鼻科などで専門医の診察を受けるべきですが、大きな異常がなく、たとえば良性頭位めまい（めまいを起こす代表的な良性の病気で、決まった頭の位置でめまいを起こすため、この名前がついています）などの診断を受けられた場合には、症状の強い時以外は、薬より運動が重要だと私も思っています。症状の少ない（ない）時を見つけて、軽い運動から始めてください。ゆるジャンプは、この条件にもピッタリだと思います。

私もゆるジャンプをしながらお腹などを触ってチェックしているのですが、跳んでいる時には腹筋が締まっているのを感じます。腕の力は抜いていただいて、肩甲骨を自然に上下させることで、肩こり改善にもつなげてくださいね。不要な脂肪を減らして、よい筋肉を増やすように頑張ってください。

体重は2kg減。ゴルフのミスショットが減りました

69歳 女性

ジャンプは、他の運動に比べて体幹を意識するところがよいと思います。体幹をトレーニングするには、他の運動法より効果的ですね。朝晩各100回、疲れている日は70回ほどに減らして、ゆるジャンプをしています。

体幹が安定したので、ゴルフのショットにばらつきがなくなり、ミスショットが減りました。

ふくらはぎをはじめ、下半身が以前よりしっかりしたことも、ゴルフによかったかもしれません。90台後半だったスコアが、今は95を下回るようになりました。これから、90を切ることが目標です。

毎日ウォーキングしているのですが、その時も、体のバランスがとりやすくなりました。

以前は、便秘というほどではなかったのですが、便が硬いのが難点でした。最近は快便です。

最初、張り切りすぎて高めに跳んでいたところ、かつて捻挫《ねんざ》した右足首に違和感を感じるようになったので、2日ほど休みました。その後は、ゆるく跳ぶようにし、回数を減らして、ようすを見ながら増やしていきました。

やせたいという気持ちはないのですが、1か月で、体重は2kg減って43kgになりました。

Dr. 伊賀瀬から

この方も含めてゴルフをされる数人の方から、「ミスショットのばらつきが減った」との感想をいただいています。私はゴルフをしないので、はっきりとは言えないのですが、おそらく同じ位置で跳ぶゆるジャンプで、体幹が自然に鍛えられている効果ではないかと思っています。

ただし、初回からあまり無理をすると思わぬけがにつながることもあるので、是非ゆっくりと運動するようにしてください。

尿もれ傾向が改善。太ももが引き締まってきました

38歳 女性

夜に100回、できる時には朝から昼にかけて100回跳んでいます。

小学2年と3歳の息子たちも、楽しくジャンプしています。

1か月続けて、体重は変わっていませんが、太ももが引き締まりました。

跳んだ後は、体がとても温かくなります。

最初は、跳んでいると尿もれしそうな感じでした。2人の子供を出産しているために骨盤底筋《こつばんていきん》がゆるくなっているのでしょう。でも、続けているうちに引き締まってきたせいか、尿もれ傾向は消失しました。

マンション住まいですが、軽いジャンプなので、階下への影響はあまりありません。

簡単にできる運動ですし、これからも続けていきたいと思います。

Dr.伊賀瀬から

お子さんを産んだ後、尿もれに悩む女性は多いようです。専門的に骨盤底筋群運動をされる方も多いのですが、わざわざそのための時間をとるのが煩《わずら》わしいという方も多いようです。ゆるジャンプは場所も時間も選ばずできる簡単な運動ですから、尿もれ傾向も改善して一石二鳥ですね。ゆるジャンプは下半身を中心に「ゆるゆる鍛える」運動ですから、太ももも締まりやすくなります。これからも続けてくださいね！

肩こり防止のため、仕事の合間にジャンプ。2か月で1・5kg減

66歳 女性

パソコンに向かって仕事をする時間が長いので、肩こりを防止する意味で、仕事の合間に伸びをするように手を組み、ほんとにゆる～くジャンプしています。100回あるいは、その時の体調で跳べるだけ跳んでいます。ジャンプは、気分転換にもなります。

週に2回、筋トレとエアロビクスのクラスに通い、週1回、日本舞踊を習っています（これは、下半身が鍛えられます）。

ゆるジャンプはこれらの運動や踊りに比べると、動きが単純で、家でいつでも手軽にできるのがいいですね。

ゆるジャンプを始めた当初は、右足首に違和感を感じたので、数日休み、少しずつ回数を増やしました。

体重は2か月で1・5kg減り、51kgになりました。

Dr. 伊賀瀬から

私もそうですが、パソコンで仕事をする時間が長い方が多くなっていると思います。「すわっているばかりでなく、適度に運動しましょう」と私も患者様にはご指導しますが、いざ自分のことになると、知らず知らずのうちに机の上で固まって仕事をしています。仕事の間は数分でもいいので、休憩時間をつくってゆるジャンプを続けてください。最初から無理をすると足首を痛める方もいますので、徐々に回数を増やしてくださいね。

かかと上げ下げ

ゆるジャンプは、かかと上げ下げを全身運動に発展させたもの。ゆるジャンプがキツイという方には、こちらの運動がオススメです。かかと上げ下げは、ふくらはぎの筋肉を鍛えるのに効果的。ふくらはぎは、血液を下半身から心臓に戻すポンプの役割を果たしており、第二の心臓と呼ばれています。このふくらはぎの筋肉が刺激されると全身の血流がよくなり、しかも柔らかく弾力性のある血管に若返ります。この動きでは体のバランスをとる必要があるので、体幹のトレーニングにもなります。

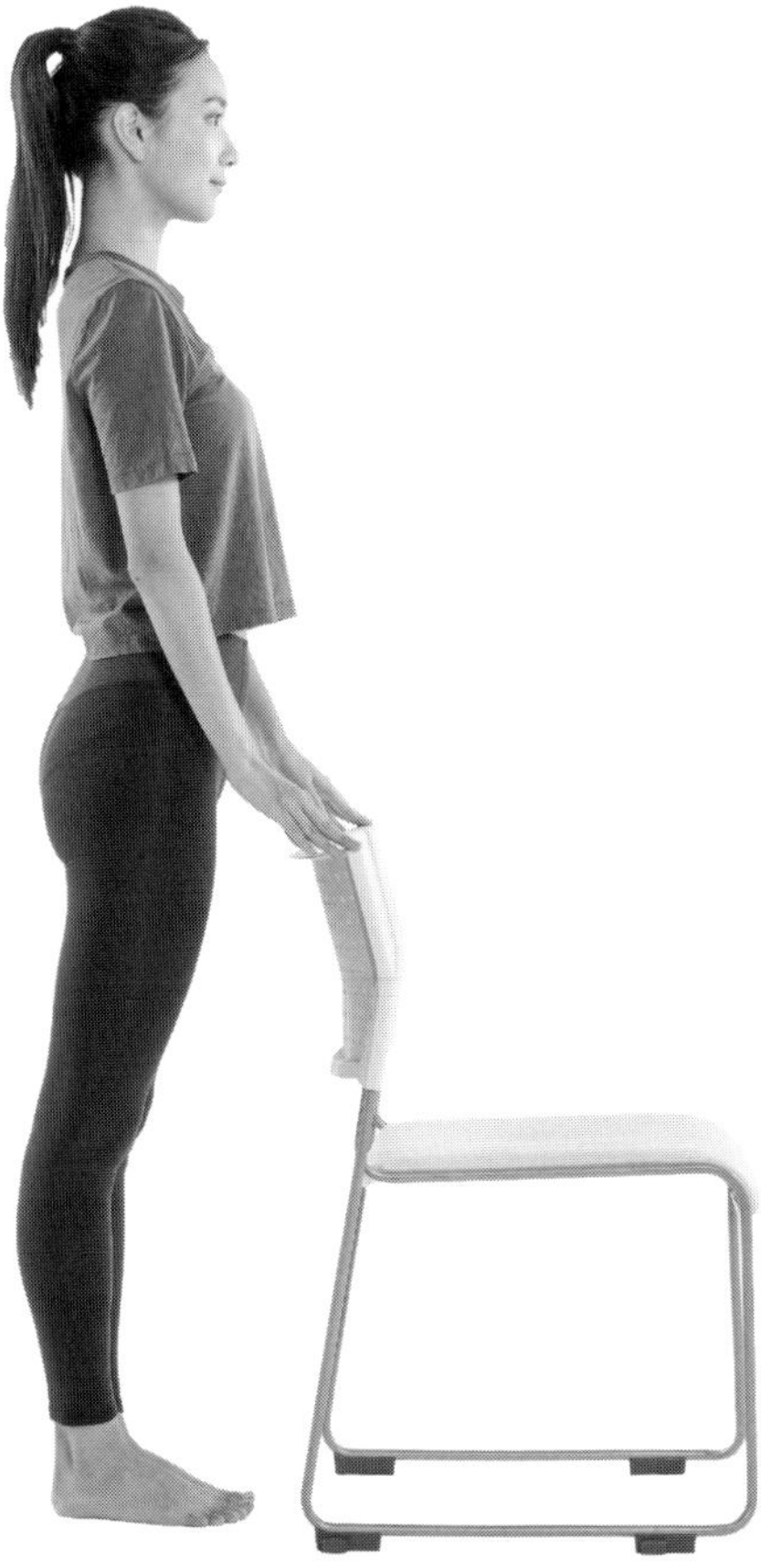

1

椅子の背を持ち、足を肩幅ほどに開いて立つ

頭が天から引っ張られているようなイメージで、背すじをまっすぐに伸ばして立ちます。

②

両足のかかとを上げ、
つま先立ちになる

つま先立ちをし、その後、かかとに体重をかけ、ゆっくり下ろします（1、2と数えながらかかとを上げ、さらに1、2でかかとを下ろします）。ふくらはぎを意識して。つま先立ちになった状態で1、2、3と数えて数秒キープすると効力がアップ。

1分ほどを目安に上げ下げを30回繰り返せば理想的ですが、回数にはこだわらず、できる回数から始めます。1日5回行います。

※痛みを感じたり体調が悪くなった場合
　には止めて、専門医にご相談ください。

すわったままかかと上げ下げ

仕事場などで、椅子にすわったままできるかかと上げ下げです。血流がよくなります。床にかかとをつけた状態でつま先を上げます。3秒たったら、つま先を床につけてかかとを上げ、3秒キープします。ふくらはぎを意識して、かかとを上げ下げします。これを10回繰り返します。1日5回行います。

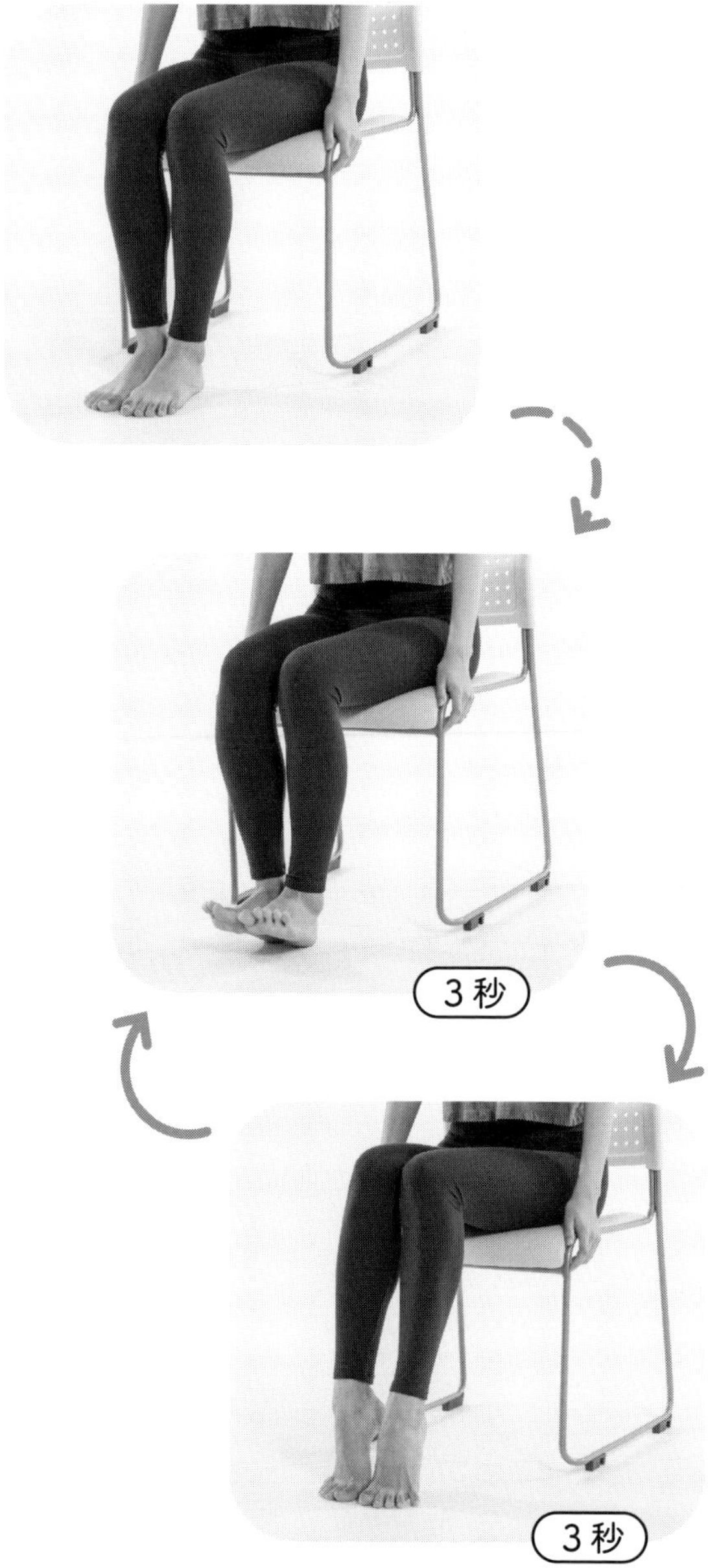

PART II

デブ脱出！標準体重への道のり

娘に得意だった二重跳びを見せようとしたものの……

ゆるジャンプを考案するきっかけとなったのは、幼い娘と運動をするようになったことです。48歳と年齢が上がってから授かった娘でしたが、5歳頃になると「鉄棒のぶら下がり」や「縄跳び」などを始めるようになりました。

鉄棒は得意なほうではなかったものの、かつては懸垂《けんすい》を10回くらいは軽くできていたので、「パパが見本を見せてあげる」と鉄棒をつかみました。ところが、鉄棒にぶら下がったとたんに自分の体重が支えられず、あえなく落下……。

大人になると何かにぶら下がることもなくなり、知らず知らずの間に腕の力も落ちていたのです。体が重すぎて、手も痛くてたまりませんでした。

また、別の日に娘が縄跳びをするというので、昔一番得意にしていた縄跳びならば、と縄を手にしました。かつては100回、200回、「二重跳び」ができていたので、軽く20回程度を見せられるはずだったのが……。ジャンプはたった1、2回しかできず、足が縄にもつれる始末。

愕然としました。若い頃のあの体力はどこへやら。

いつのまにか、昔の自分ではなくなっているという事実をつきつけられたのです。同じような経験をして、ショックを受けているお父さん方もいらっしゃるのではないでしょうか。

そこで、鉄棒と縄跳びをトレーニングしようと考えましたが、日常生活の中でどこを見ても「ぶら下がれる場所」はなく断念。縄跳びは必ず縄が必要です。

しかし、気づきました！「ジャンプならどこでもできる」と。それから朝、昼、夕と100回ずつジャンプすることを日課にしました。最初は10回程度でふらふらしていましたが、1か月程度で100回はなんなく跳べるようになりました。この習慣がついてくると、「車はなるべく使わず、歩くようにしよう」、「エレベーターは使わず、階段で行こう」など、体を使うよう心がけるようになりました。

2018年のことです。

顔は、どこから見ても球体にふくらんでいました（2006年）。

GACKTさんに触発されて始めた糖質制限

ダイエットを始めたもうひとつのきっかけは、同じ頃、テレビで観たGACKT（ガクト）さんのインタビューです。彼は、ソロ歌手としてデビューする時に「2つの好きなものを、同時に手に入れることはできない」という思いで、「食べ物の中で一番好きだった米を断つことにした」そうです。

こういった努力により体を大事にして、トレーニングも怠らず、今の筋肉質のボディを維持していらっしゃるようですが、「もし死ぬ時には、大好きなお米をお腹一杯食べて、口のまわりにお米粒をつけて死にたい」というような内容を話されていたと思います。とてもストイックで、パリに行った時だけ自分へのごほうびとしてパンを口にするだけで、一切炭水化物を摂らないというようなお話でした。

このインタビューをぼうっと観ていた私でしたが、「スターのGACKTさんは体が資本だからあたりまえではあるけれど、私と同じ一番の好物のご飯を断って頑張っているんだなあ」と思いました。

そこで、アンチエイジングの研究に携わっている私も、多少は炭水化物を我慢するべきかな、と思い、大好きなパスタやご飯を毎日半分くらいに減らすよう努力するようになりました。

飲みに行った時など、〆にラーメンを食べていたのを止めるなど、炭水化物をカットするようにしました。特に夜の炭水化物を減らすようにすると、2か月ほどして2kg体重が減りました。

以前は、人に会うたびに「また太ったね」、「太ったんじゃない？」と言われていたものです。まるで、風船のごとく……。

2か月に2kgやせたのをきっかけに炭水化物を変わらずに減らしていると、月に1kgずつ体重が減っていきました。1年たったところで10kgの減量です。

その間、皆に「やせたね」と言われるようになりました。

やせ方が急激だったので、勤務する外来

2サイズ細いジーンズもはきこなせるようになりました（2021年）。

では、当時、私が病気になったらしいという大病説がひそかにささやかれていたそうです。

その頃は、糖質制限とともにゆるジャンプを毎日行い、自分の足でできるだけ歩くようにもしていたのです。

乱高下を繰り返し、高止まりしていた私の体重

学童期には肥満体でしたが、成長期に小学校4年生（身長１４０㎝で体重50㎏）から身長だけが伸びて、中学校の1年生には１７０㎝、50㎏になりました。

当時は野球部に入ったので太ることもなかったのですが、その後ヘルニアのため運動ができなくなり、ブラスバンド部（トロンボーンを担当）に替わりました。

それでも高校卒業の頃までは１７４㎝で60㎏程度の体重を保っていたのですが、20歳の時には75㎏になり、年齢からすると明らかに「ぽっちゃり」になりました。

その原因として自動車の免許を取ったことがあります。運転できるのがうれしくて、ほとんど歩かずに車に乗っていました。そこで、思い立って大学に自転車で通

学するようにしました。そして、体重を70kgまで落とせたのです。

ところが医師になってから車生活に戻り、外食も多くなった結果、また体重が増え始めて、留学前の2003年頃には80kg前後になりました。

留学先の米国ノースカロライナ州にいる間は、食生活がだいぶ偏《かたよ》るようになりました。家では大好物のパスタやチャーハンを大量に食べていましたし、外ではステーキ、ハンバーガー、ピザなどをパクパク。チャーハンは、洗面器に入るほどの量を平らげていました。

飲み物も日本のように美味しい緑茶はなく、水以外はコーラやビールを多飲していました。ちなみに、ビールやコーラは日本の半額以下でした。

中華のビュッフェでは1000円程度でお腹一杯食べられるので、「野菜も摂れるし、栄養が偏らないように」と思う存分食べていました。

食べたいだけ食べていたので、バランスはともかく、1食で3000kcalと、1日に必要とするカロリー以上になっていたのではないでしょうか。

留学から帰国した2005年には、90kgまで太りました。それでも、肥満大国である米国の大学の研究室の中では、男性10人中やせたほうから2番目に位置していました。

帰国直後、同じ医局の後輩の医師は後ろ姿では私と識別できなかったそうです。

その後は、さすがに食生活が以前のように戻ったので減量できましたが、それでもずっと80kgあたりを下回ることはありませんでした。仕事柄、「やせたいな」とは思いながらも何をやっても長続きせず、それまでこの体重をキープするのがやっとでした。この頃も、生活習慣病のために太ももを鍛えることは必要と、フィットネスバイクを使った自転車こぎやスクワットなどはしていたものの、大好きなパスタは食べたいだけ食べて、80kg近辺の数字をウロウロしていたのでした。

米国留学中の文字どおりのメタボ姿。これでも、研究室ではやせているほうだった……。

しかし、ゆるジャンプとゆるやかな糖質制限で、この80kgを切るというブレイクスルーをラクラク達成したのでした。

PART III

減量に成功する6つのキーワード

糖質制限

糖質制限はダイエットの王道です
死ぬほど好きなパスタを減らしました……

糖質をまったく摂らないのではなく、減らす方向で考える

ここ10年あまりで、糖質制限はずいぶんおなじみになってきました。体重がちょっと増えたから今日はご飯を減らそう、などと、糖質をコントロールすることも日常のことになってきた感があります。

ここまでパンやパスタ、ご飯などを炭水化物と呼んできましたが、正確に炭水化物を定義すれば炭水化物は食物繊維も含む総称です。

炭水化物は、糖質と食物繊維とに分かれます。

糖質は、糖で構成されているものの総称です。ふだん、ご飯やパンのことを炭水化物と呼んでいますが、正確に分類すれば糖質なのです（ちなみに、糖質は、体内に吸収されて体の各部のエネルギー源となります。なお、食物繊維は消化吸収されず、エネルギーにはなりません）。

糖質のうち、エネルギーとして使われなかった分は中性脂肪として体に蓄えられます。つまり、これが肥満の元になるのです。

GACKTさんに触発されて始めた糖質制限ですが、私はまったく糖質を断つということではなく、減らすという方向で食事を見直してきました。

私が**肥満したのは肉の食べすぎではなく、糖質の摂りすぎが元凶でした**。

もともと肉類はそれほど好きではなく、大好物はパスタ。パスタが死ぬほど好きなのです。

飲みに行けば、1軒で飲み終わると、もう1軒はしごをして、「赤ワインはポリフェノールが入っていて、体にいいから〜」と言い訳しながら、ワインとともにパスタを1皿平らげたものです。

アルコールだけでなくエクレア、チョコレートなど甘い物にも目がなくて、食事後ケーキを2個くらいはイケていました（さすがに、食後にケーキで〆ることは、今はナシ、です）。

これでは、肥満体はますますふくらんでいく一方です。

GACKTさんに倣《なら》って、一念発起。ストイックなGACKTさんのようにはいきませんが、涙をこらえてパスタとスイーツを制限するようになったのです。

朝はしっかり食べ、昼・夜の糖質を減らす

朝は日中の活動源になるので、ご飯やパンは普通に摂りますが、お昼の糖質は半分にします。パスタは、１人前以上食べたいのが本音ですが、極力止めるようにしています。夜に飲み会があって、パスタも含めてたくさん食べるという時にはお昼の糖質を減らすようにしています。こういうふうにこまめにコントロールすると、減量には結構効きます。

ダイエットで減らすべきは糖質ですが、その分脂肪を摂る方向に向かってはいけません。**ふだん摂っている糖質を10とすると、そのうちの2くらいを減らすというイメージです**。糖質を減らした分お肉を食べるというやり方では、カロリーがアップします。トータルのカロリーを減らすという意味で、糖質を減らすべきなのです。

肉体労働が主だった昔はエネルギーの元として白米を食べることは大事だったのでしょうが、体をあまり使わない現代の生活では、こういった糖質は摂りすぎに注意が必要なのだと思います。

必要なカロリーはこう計算する

かつては身長から１００を引いて０・９をかけた数字が標準体重とされていましたが、それは栄養が十分でなかった時代の計算法。今は、身長から１００を引いた数字が標準体重の目安です。大体、20歳頃の体重がベストと言われています。

身長が１７０㎝なら70kgが標準的な体重です。私の身長は１７４㎝なので、74kgが適正な体重と考えます。

必要なカロリーは体重に30をかけます。70kgの体重の人に必要なカロリーは、この70かける30で２１００。普通の生活をしていれば、２１００㎉までの食事で肥満することはありません。肥満するのは、必要以上のカロリーを摂るから。「水を飲んでも太る体質」というようなことは、絶対にあり得ません。

外食では、かつ丼が１２００～１３００㎉、コンビニの弁当も１０００㎉ですから、それだけで１日に必要なカロリーの半分を占めることになります。カロリーオーバーにはくれぐれも注意しましょう。

ウォーキング

ゆるジャンプと組めば最強コンビに
有酸素運動で免疫力もぐーーんとアップします

通勤をウォーキングタイムにしよう

ゆるジャンプにプラスしたい運動として、「ウォーキング」があります。

先述したとおり、私もゆるジャンプを始めてから、努めて車を使わずにできるだけ自分の足で歩いたり、エレベーターは使わず、階段を使うようになりました。

以前は、勤務している愛媛大学まで車で通っていましたが、昨年（２０２０年）から、週に3回は大学行きのバスの停留所まで25〜30分歩いてバスに乗って通勤しています。このように往復すれば、その他、日常生活で歩く分を加えて１日の歩数をカウントすれば、７０００〜８０００歩になるでしょう。

また時には帰途を別のルートにして、大学から駅まで10分間歩き、電車に乗って降りた駅から小1時間ほど家まで歩くこともあります。これなら行きが25〜30分、帰りが1時間で相当の歩数になります。

今では、こんなふうに長時間歩くことが苦にならなくなっています。

そのおかげで、以前と体重は変わっていないのですが、脂肪は落ちて筋肉がついているのか、会う人に「また、やせたね」と言われています。

こう言われれば、またダイエットを続ける気になりますよね。「その気」になるのが大事なのだと思います。

あなたもぜひ、**日常の中で歩く習慣をつけるようにしてください**。

1日、最低4000歩は歩いて心も体も健康に

ウォーキングは、筋肉と骨をつくるための、基本中の基本とも言える運動法です。**動脈硬化を予防する目的なら、1日あたり男性は8000〜9000歩、女性であれば7000〜8000歩の歩行が理想的**。目安を挙げれば、私の場合は、30分で3000歩でした。女性なら、7000〜8000歩は90分程度にあたるでしょう。少なくとも、1日1回は外に出てウォーキングすることをオススメします。**うつ病を防いで心の健康を保つためには、さまざまな研究も参考に、最低4000歩のウォーキングを目安にする**ことを私は提唱しています。

人は動かないと思考が下向きになってしまいますから、日に1回は歩く習慣をつ

けたいものです。

また、私が指導させていただいた抗加齢ドックの受診者のデータでは、**1日の歩数が約1500歩増えることで、内臓脂肪が減少したほか、肥満が改善したり、骨や筋肉の年齢・血管年齢が若返る**という結果が得られています。

有酸素運動で余分な内臓脂肪を落とそう

ウォーキングをはじめ、**酸素を取り込みながら行う有酸素運動は、ゆっくりとエネルギーを消費していくことで、余分な内臓脂肪を消費することができます。**

このほか、有酸素運動は血流をよくしたり、血管壁からの一酸化窒素の放出を促して、血管を柔らかくしてくれる効果があります。

私がオススメする有酸素運動は「ニコニコ運動」と呼んでいます。「ニコニコ運動」とは、息がはずむけれど会話ができる程度の運動を言います。

早歩きや軽いジョギング、エアロビクス、ゆっくりと泳ぐスイミング、水中ウォーキングなどがこれにあたります。

ジムであれば、自転車型のフィットネスバイクやウォーキングマシンなどが適しています。

息を吐く時間を、吸う時間の倍にするのがコツ

有酸素運動の呼吸では、息を吐く時間を長めにします。吐く時に副交感神経が優位になるので、心拍数が上がりにくいのです。

自転車こぎでトレーニングする際には、息を吸うのを１とすると、吐くのを２くらいの比率にしています。１、２、３、４と数を数えながら息を吸い、５、６、７、８、９、10、11、12で息を吐くようにすると、ちょうど１対２になります。

ウォーキングや軽いジョギングなどの有酸素運動でも、この１対２の呼吸法を頭に入れて行うよう心がけてください。

１回20〜30分続けると効果的

体内の脂肪が燃え始めるタイミングを考慮すると、１回の時間は20〜30分程度が

適当です。

まとまった時間がとれない時は、10分程度の短い時間でもかまいません。月に1度まとめて長時間運動するよりも、毎日10分でも継続して運動するほうがよいのです。

健康体であれば朝食前に「ニコニコ運動」を

「ニコニコ運動」を行うタイミングは、持病がなく、**健康体であれば、食前、特に起床後が効果的**です。空腹の状態が続いた朝方は、血糖値が1日の中でもっとも低くなっています。この状態で運動をすると、効率よく脂肪を落とすことができるでしょう。ただし、必ず水分を摂ってから行いましょう。

食後であれば血糖値が高くなっているので、運動をしても血液中の糖からエネルギーを得るため、脂肪は使われにくくなります。

糖尿病の方、血糖値が高めの方は、食後の軽い運動がよいでしょう。血糖値が高い状態で運動をすると、血液の中の糖から消費されるため、血糖値が下がりやすくなります。

高齢者（65歳以上）の場合は、食事後1時間たってからにします。食後の消化の時間帯は血圧が下がりやすく、転倒するリスクがあるからです。

食後すぐに運動をすると、特に高齢者では胃での消化に血液が使われているため、食後性低血圧という状態になり、転倒する可能性があるのです。

また、起床直後の時間帯は危険です。この時間帯は交感神経と副交感神経が入れ替わる不安定な時期なので、血栓《けっせん》（血のかたまり）ができやすいということがわかっています。

この血栓は、心臓や脳の血管に詰まってトラブルを起こす可能性があります。

朝に「ニコニコ運動」ではなく本格的な運動をするのは、起床して1時間後にします。

有酸素運動が免疫力を上げる

「ニコニコ運動」のような有酸素運動は、免疫力を上げてくれます。

免疫細胞の中でも、最前線で働いている細胞がＮＫ細胞（ナチュラルキラー細胞）です。

ＮＫ細胞はリンパ球の1種で、同じリンパ球にはＴリンパ球やＢリンパ球といった仲間があります。

Ｔリンパ球やＢリンパ球は、外からウイルスや細菌などの外敵が侵入して攻撃を始めた時にはじめて働く防衛隊のような役割を果たしています。

この2つの免疫細胞とは対照的に、ＮＫ細胞は、敵を見つけた時に先制攻撃する積極的な免疫細胞です。ＮＫ細胞は常に体中を見回っており、ウイルスやがん細胞に出合うと、撃退してくれる、いわば見張り番のような役割を果たしています。

ですから、免疫力を高めるためには、日頃からこのＮＫ細胞を活性化しておくことが重要です。

早稲田大学の鈴木克彦先生の論文によると、ＮＫ細胞は運動開始後30～60分にかけて増加することが示されています。有酸素運動時には、これを目安にするとよいと思います。

朝食

朝食を制する者は肥満を制す

朝食を抜くと、むしろ太りやすくなります

朝食は1日のパフォーマンスを上げる

朝は、ご飯やパンなどはしっかり摂るようにしています。これから体を動かして活動をするという1日の始まりに**エネルギー源となる炭水化物を摂らないと、頭は働きませんし、仕事のパーフォーマンスも落ちます。**

こういった意味で、朝食を抜くことだけは絶対にやってはいけません。

これから学校に行って勉強をするという子供たちにも、そのためのエネルギー源が必要です。お子さんたちには、しっかりと朝食を食べさせてあげてください。

食物繊維の多い朝食は、昼食後の血糖値も改善させる

そして、ダイエットを成功させる意味でも、もっとも大事なのが朝食とも言えます。

そのカギを握るのが「セカンドミール現象」です。

「セカンドミール現象」とは、**食物繊維を多く含む食事をすると、次の食事を摂っ**

た時にも血糖値の上昇が抑えられるというもの。つまり、最初の食事の食物繊維が次の食事の後の血糖値の上昇も改善させる効果があるということです。

朝食をしっかりと摂れば、お昼は簡単なサンドイッチや丼物、麺類などですませたとしても、血糖値は上がりにくくなります。

朝は食物繊維が豊富な和食がオススメ

朝食は、**食物繊維を多く含んでいる食材の豊富な和食がオススメ**です。

和朝食の定番と言えば、卵焼きなどに加えて納豆、おひたし、きんぴらごぼう、ひじきの煮物などが挙げられます。それに、野菜や海藻、豆腐が入ったみそ汁は欠かせません。

これらは**食物繊維が豊富で、血糖値のコントロールにはうってつけです。**

朝は洋食派という方は、パンとコーヒーだけではNG。タンパク質源となる卵料理に、ミネストローネなど野菜がたっぷり入ったスープや、レタスなど葉物を使った(ポテトサラダではなく)野菜サラダを添えることをオススメします。

乳酸菌やビフィズス菌入りのヨーグルトなどを添えるのもよいですね。

さらに、ご飯は玄米やもち麦、もちあわ、もちきび、押麦など雑穀の入ったもの、パンであれば全粒粉のものなどを選べば、食物繊維が多く、血糖値の上昇を抑えるのに効果的です。

朝は簡単にすませがちですが、前の晩におひたしやきんぴらを作ったり、サラダ用の野菜を洗って翌朝すぐに食べられるよう準備しておくのもよいでしょう。

なお、市販の野菜ジュースには糖分が含まれていることが多いので、ご注意を。ジュースはのど越しがよいので、ごくごくとたっぷり飲んでしまいがちですが、糖分が多く含まれていれば、血糖値を急激に上げやすくなります。

食事を抜くとむしろ太りやすくなる

やせるために食事を抜くことはおススメできません。エネルギー源を補給しないと、血糖値が急激に下がり、脳を含め体の働きに支障が生じます。

また、体が飢餓モードに入るので、エネルギーを確保しようとしますし、代謝率

が低下して逆にやせにくい体になってしまいます。

カロリーを減らそうとして1回の食事を抜いたり、1日何も食べなかったりしていませんか？ ダイエットに限らず、朝・昼・晩と3食を食べるのが原則です。

朝・昼・晩のバランスは3：2：1が理想的

朝・昼・晩のバランスは、朝にしっかり食べて、昼は中くらいのウエイト、夜は軽く、というのが理想的です。

3食全体を6とすると、朝3：昼2：夜1ということになります。

しかし、実際には1日のうち、夜が一番ゆっくり食事を楽しめる時間ですし、家族や仲間たちが集まる楽しいひとときでもありますから、この理想どおりにはいきませんね。

現実には、夜が4くらいのボリュームで1：1：4という方も多いでしょう。

せめて3：1：2、あるいは2：1：3にしませんか？ 朝や昼を抜いて、0：2：4あるいは2：0：4というのは、もっともいけません。

ベジファースト

ダイエットの味方、野菜・海藻を先にどうぞ
食べすぎに赤信号をおくります

食物繊維をたっぷり摂って食べすぎないようにする

食事の大原則にしているのが「ベジファースト」。

「ベジファースト」は、ダイエットの常識とも言えるほど、一般にも浸透していますね。

私は、**食べ始めに食物繊維が豊富な野菜や海藻類を摂るようにし、それからおかずを食べるようにしています**。

まず野菜のおかずや汁物を食べれば、急激な血糖値の上昇が防げますし、脂質の吸収を抑えることにもつながります。

再三、血糖値の上昇に関してはお話ししてきましたが、食後の血糖をコントロールすることは、ダイエットでは重要なことです。

血液中の糖が増えすぎると、余った糖は中性脂肪になって脂肪細胞に取り込まれ、肥満の元になります。

また、どか食いのように急激に血糖値が上がるような食べ方をしていると、長期間のうちに糖尿病の引き金にもなります。

野菜や海藻類は、体の老化を進める酸化に対抗する物質も含んでいますから、たっぷり摂りたいものです。

かつ丼もこんな食べ方をすればＯＫ

野菜→メインのおかず→ご飯（パスタ）の順で食べれば血糖値が急激に上がることがなく、カロリーも控えることができます。この順であれば、最後のご飯やパスタが少量でも満足感が得られます。

イタリア料理であれば、グリーンサラダを最初にオーダーし、次にメインのお肉かお魚を食べて、最後に少なめのパスタ類で〆ます。

居酒屋なら、まず和え物やおひたしをまずオーダーしましょう。そして、メインの肉やお魚を食べて、〆のお茶漬けやおにぎりなどは少なめに。

懐石料理であれば、野菜も取り交ぜた品が最初に出てきて、ゆっくりと1品ずつ運ばれてきます。こうしたペースは、食べすぎを防いでくれます。

胃に食べ物が入ると、満腹のシグナルが脳におくられてお腹が一杯になったと感じます。大体、食べ始めて20分後に、満腹中枢が刺激されます。

その意味では、ゆっくりと時間をかけて1品ずつ食べる懐石料理は理にかなっています。

しかし、しょっちゅう懐石料理というわけにはいきませんよね。たまには、かつ丼も食べたくなります。私もかつ丼は大好き！

そんな時には、サラダを先に食べるようにしませんか？

とんかつを食べる時には、添えられている千切りのキャベツを半分くらい先に食べてはどうでしょう。あとの半分は残しておいて、とんかつを食べる合間につまむようにします。

なお、学校給食などで指導されている**三角食べは、オススメしません**。

三角食べとは、ご飯やパンなどの主食と、汁物や牛乳などの飲み物、肉や魚などのおかずとを順番に食べる方法です。

主食を食べ、その次に飲み物、その次におかず、さらに主食に戻って、その順を繰り返すという食べ方です。

そのお箸の軌跡《きせき》が三角を形づくることから名付けられています。

この方法は育ち盛りの子供たちには向いていますが、アンチエイジングをめざす大人向きではありません。

20〜30回はゆっくりかむ習慣を

食べるペースはゆっくりと。食べるたびにお箸《はし》をおいて、20〜30回かむようにすると食べすぎも防げます。

時間をかけて食べることで満腹中枢が刺激され、満足感が得られます。

一度、何回かんで飲み込んでいるか、回数を数えてみてください。10回程度か、あるいはそれ以下かもしれませんよ。急いでいる時には4、5回くらいで胃におくり込んでいるようなこともあるでしょう。

ビジネスマンのランチタイムは時間も限られていますが、せめて食事はゆっくりと摂りたいものです。

体重計

朝晩、体重計にのってリバウンドも防止
500g増えたらダイエットのアクセルを踏みます

就寝してリセットされた状態を示す朝の体重

朝、起きがけの体重は、正確に前日の食事、運動量を反映します。一晩寝て起き、**体がリセットされた状態を示すのが朝の体重**です。

健診などでも、朝食を抜いた8~9時の体重を計測するのは、こういった意味があるのです。

体重が増えていて「がっかり!」という方がいらっしゃるかもしれませんが、気を取り直して食事と運動を見直すきっかけにしましょう。

「増える減る」は500gの範囲内に収める

朝と晩は必ず体重計にのるのが、私の日課です。

実際には、誰でも夜には1kg増えています。ですから、夜に73kgまで増えることはOKとしています。

しかし、朝の体重が500g増えていれば、炭水化物を減らしたり、運動量を増やしたりして調節しています。

こうして体重をプラスマイナス５００gの範囲内に収めて、72kgを維持するよう心がけています。

やせたかどうかは、毎日鏡を見ている本人にはわからないもの。体重計が正確に体の状態を知らせてくれるのです。

体重計を利用してリバウンドを防ごう

リバウンドを防ぐコツは、毎日の微妙な体重の増減をチェックすること。

その意味で、毎日体重計にのることは、とても大切なことです。

体重は、気づかない間に増えているものです。

同居している家族も自分も気づかないうちに、脂肪は少しずつ蓄積されていくのです。

朝と晩、体重計にのることを日課にしましょう。そして、常にベストの体重を基準に、わずかな変化にも敏感でいることが大切です。

内臓脂肪

肥満そのものより内臓脂肪に注目

諸悪の根源、内臓脂肪はメラメラ燃やしましょう

内臓脂肪はダイエットで減らしやすい

運動不足、食べすぎによる肥満では、必ず「内臓脂肪」がたまります。内臓脂肪は内臓のまわりにつきます。ですから、脂肪のついたお腹はぽこんと突き出したように見えます。

一方、「皮下脂肪」は全身にまんべんなくつくのが特徴で、指でつまむことができますが、内臓脂肪は、指でつまむことはできません。**男性は内臓脂肪がつきやすく、女性は皮下脂肪がつきやすい**と言われています。

男性は、運動やダイエットで内臓脂肪は減りやすいものです。先に減るのが内臓脂肪で、その次に皮下脂肪が燃えていくと言われています。

私の場合、内臓脂肪は減ったのは確実だと思うのですが、まわりの人に見た目が変わってきたと最近はよく言われるので、皮下脂肪にもよい影響があるかもしれません。

鏡は毎日見るものなので変化に気づかず、自分ではやせたことを自覚できなかったりするものです（そこで、毎日体重計にのることで体重の変化を把握しようと考えたのです）。

今は、２サイズ下のパンツがはけるようになっています。

おかげで弟がはかなくなり、譲ってくれたブランドもののジーンズも入るようになりました！

内臓脂肪は動脈硬化の元

内臓脂肪の状態を正確に調べるにはＣＴスキャンで体の断層を撮影し、内臓脂肪の面積を測ります。

一般の人が簡単に内臓脂肪の量をチェックするためには、へその高さの腹囲をメジャーで測ります。男性では85㎝、女性では90㎝以上で、内臓脂肪型の肥満の可能性が高いと考えます。

ＣＴ画像で見ると、内臓脂肪も皮下脂肪も同じ濃いグレーに映りますが、内臓脂肪のほうがとてもタチが悪いのです。

内臓脂肪からは、アディポサイトカインというサイトカイン（生理活性物質）が分泌されます。

アディポサイトカインのうちの1種、TNF《ティーエヌエフ》-α《アルファ》という物質は血管に炎症を起こします。最近では、動脈硬化は血管に炎症が生じることで進行することがわかってきました。

ではなぜ、内臓脂肪が炎症性のサイトカインを分泌するのでしょうか？

それは、腸のまわりについている脂肪だからではないかと言われています。腸は口からつながっている臓器であり、ある程度は胃酸で死滅するものの、雑菌が常に流れ込んでいます。

そのため炎症を起こしやすい状態であり、内臓脂肪にもその影響が出て炎症性のサイトカインが生じるのではないかと言われています。

肥満そのものより内臓脂肪が問題

30年ほど前、私が研修医になった頃には、単に肥満はよくないと言われているだけで、内臓脂肪に関する研究は進んでいませんでした。

臨床の現場で私が不思議に感じたのは、体全体が大きく肥満しているわけではないのに、心筋梗塞になる患者さんがいらっしゃることでした。

では、もうひとつの危険因子である喫煙の習慣がある方なのか——そんな疑問を持って、患者さんの生活習慣を調べてみると、必ずしもたばこを吸っているわけではありませんでした。

後年、内臓脂肪の考え方が出てきたので、その謎が解けました。

心筋梗塞の患者さんは、お腹がぽこんと出ている人が多かったのです。

体全体が肥満しているのではなく、横から見ると、お腹が突き出しているイメージです。そのお腹に、内臓脂肪をため込んでいたのです。

まさに、かつての自分のお腹がそれでした。

お相撲さんは意外に内臓脂肪が少ない

力士の方々は、意外に内臓脂肪が少ないことがわかっています。

力士は激しい稽古《けいこ》で体を動かすので、皮下脂肪よりも先に消費されやすい内臓脂肪が減ることから、多くの幕内力士の内臓脂肪の量は、一般男性と変わらないというデータがあります。

力士の皆さんは、見た目は肥満体ですが、30代、40代で心筋梗塞などの血管の病気に見舞われるかというと、例外はありますが、そういう方は意外に少ないのです。運動後に食事をしてごろ寝をする。そして1日2食――これは、皮下脂肪がつきやすいパターンだと言われています。ですから、力士は肉じゅばんのように皮下脂肪が体のまわりについているものの、内臓脂肪は少ないのです。

内臓脂肪は百害あって一利なし

内臓脂肪は動脈硬化の元になるほか、さまざまな悪影響を体に及ぼす物質を多く分泌します。

内臓脂肪が蓄積すると、脂肪細胞自体が肥大・増殖して悪玉アディポサイトカインと呼ばれるいくつものサイトカインの分泌が高まります。これらが糖尿病や高血圧、脂質異常症を発症させたりして動脈硬化を促進する原因になります。

たとえばTNF－αやレジスチンといったサイトカインは、**膵臓《すいぞう》から分泌されるインスリンの効きを悪くするので、糖尿病を引き起こしたり血糖値を悪化させたりする原因となります**。

アンジオテンシノーゲンというサイトカインが多く分泌されると、**血管が収縮して血圧が上昇し、高血圧になります**。

その他PAI－1（パイワン）というサイトカインの分泌が高まると**血栓ができやすい状態をつくり出す**ので、血栓が原因となる脳梗塞や心筋梗塞にもつながっていく可能性があります。

さらに、遊離脂肪酸（FFA：Free Fatty Acid）が多く分泌されますが、そのために**血液中の中性脂肪が高くなり、善玉コレステロールが下がる脂質異常症を発症します**。

アディポサイトカインには善玉（善玉アディポサイトカイン）もあり、その代表がアディポネクチンです。

これは、血管の壁が傷ついた時に修復して動脈硬化を抑えたり、インスリンの働きを高める、血圧を低下させるなどのよい働きをしてくれますが、**内臓脂肪が増えすぎるとアディポネクチンが低下してくる**ことがわかっています。

また、レプチンという物質も本来は善玉で、食欲を抑える働きをして食べすぎを予防してくれるのですが、内臓脂肪が増えすぎて**レプチンの分泌も過剰になると、お腹が一杯になっても満腹中枢がそれを感知できなくなり、食べすぎる結果になってしまいます**。

内臓脂肪はシミにも深い関わりがある

また、内臓脂肪と肌のシミとは深いつながりがあります。

紫外線を浴びるとメラノサイト（メラニン細胞）が活性化されてシミができることは、皆さんご存知ですよね。

メラノサイトを活性化する物質はいくつかありますが、「ＥＴ－１（エンドセリン１）」もそのひとつ。

このＥＴ－１は、血管壁の内皮細胞から分泌される物質で、血管を収縮させる作用があり、動脈硬化を進行させます。循環器系では、特に血管に悪さをする物質として知られています。

私たちの研究グループでは、シミの面積と血管年齢の関係を調べたところ、**血管が老化している（動脈硬化が進んでいる）人ほど、シミの面積が大きい**ということがわかりました。

このＥＴ－１は、内臓脂肪をため込んだ人に多い傾向があります。

内臓脂肪が多いと、動脈硬化が進むと同時に、肌のほうにはシミができやすくなるのです。

シミ予防もできると考えると、内臓脂肪を落とすダイエットにも弾みがつきますよね。

内臓脂肪は免疫の老化を招く

最後に、内臓脂肪と免疫の関係についてもお話ししておきましょう。

内臓脂肪が免疫細胞に及ぼす影響を明らかにしたのは、慶応大学循環器内科助教（２０１８年時）の白川公亮《こうすけ》先生らの研究です。この研究では、**内臓脂肪が蓄積されると、免疫細胞の働きが低下する**こと（これを「免疫老化」と呼びます）を、実験マウスを用いて証明しています。

この実験では、マウスに高脂肪食を与えて内臓脂肪を増やしました。すると、異常なＴ細胞（免疫細胞）が産生されてしまい、通常持っているＴ細胞の免疫機能をなくすばかりでなく、逆に、害になるような炎症を誘導する物質をたくさん産生することがわかりました。

高齢化すると一般に、**感染症が重症化しやすかったり、ワクチン効率が低下したり、がんのリスクが増加するのも、Ｔ細胞が老化するため**です。

免疫力の低下防止といった意味でも、内臓脂肪を落とすことは早急に解決しておくべき課題と言えるでしょう。

内臓脂肪は、肥満体という見た目の悪さだけではなく、体の老化も加速させていくのです。

この運動も取り入れたい①

スクワット

太ももの筋肉を強化する運動。効率よく下半身をトレーニングできます。まちがったフォームで行っている人も多いので、もう一度姿勢や足の動きをチェックしてみてください。①②を1セットとして1日3回、習慣にするとよいですね。

①

背すじを伸ばし、
両手を前に出して立ち、
お尻を下ろす

足は、つま先をやや外向きにして肩幅ほどに開いて立ち、ゆっくり1、2、3、4と数えながらお尻を下ろします。

②

再び立ち上がる

太ももが床と平行になったら、5、6、7、8と数えながらゆっくりと立ち上がり、膝を伸ばしきる直前まで立ちます。これを10回繰り返します。

代謝もアップするトレーニングです。支えが必要な人は、机などに手をついて行いましょう。動作を行っている間は、息を止めないようにし、ゆっくりと呼吸しましょう。

※痛みを感じたり体調が悪くなった場合
　には止めて、専門医にご相談ください。

PART IV

キレイに、健康的に
やせる食べ方、生活術

筋肉を落とさないために、タンパク質をたっぷり
必須アミノ酸「ロイシン」がタンパク質の合成に重要

体の脂肪は落としても、筋肉は衰えさせたくないですよね。筋肉をつけると基礎代謝が上がるので、結果的により多くのカロリーを消費することができます。糖質は減らしても、筋肉の元となるタンパク質は十分に確保したいもの。

1日のタンパク質の必要量を割り出すには、体重1㎏あたりタンパク質1gとして計算します。50㎏の体重の人は50g、70㎏であれば70gとなります。ただし、腎臓病の方は主治医との相談が必要になることもありますので、ご注意ください。

では、どんなタンパク質を摂ったらよいでしょう?

タンパク質は、数十個のアミノ酸が結合してできています。

アミノ酸は自然界に500種類以上ありますが、私たちの体を構成しているアミノ酸は20種類です。そのうち、体内でつくることのできないアミノ酸は9種類あり

ます。これらのアミノ酸は食事から摂る必要があり、そのため、必須アミノ酸と呼ばれています。必須アミノ酸は**フ**ェニルアラニン、**ロ**イシン、**バ**リン、**イ**ソロイシン、**ス**レオニン、**ヒ**スチジン、**ト**リプトファン、**リジ**ン、**メ**チオニンという9種類です。これらの頭文字の1~2字をとると、「風呂場の椅子独り占め：フロバのイスヒトリジメ」となり、覚えやすくなります。

最近の多くの研究では、**歩行能力・機能の改善や筋力の増強のためにもっとも大切なアミノ酸が、必須アミノ酸のひとつ「ロイシン」である**ということが判明しました。ロイシンに含まれるHMB（β-ヒドロキシ-β-メチルブチレート）という代謝産物が、筋肉内でタンパク質合成を誘導します。多くの臨床研究では効果をきっちりと確認する目的もあり、サプリメントが使われますが、まず、食事から摂ることが大事です。

ロイシンが多く含まれている食べ物としては、肉なら、牛や豚の赤身の肉、皮なしの鶏むね肉などがあります。これらの肉類は、ボディビルダーやアスリートにとって、重要な食べ物です。**魚類であれば、かつお節やスケソウダラに多く含まれて**

います。また、**豆製品でロイシンを含むものとして高野豆腐が挙げられます**。

ロイシンの重要性はおわかりいただけたかと思いますが、ロイシンだけを単独で摂取すると、ロイシンと同じく大切なアミノ酸であるイソロイシン、バリンの血中濃度が減少する傾向が見られたり、その他の複数のアミノ酸（メチオニン、フェニルアラニン、チロシン、ヒスチジン、トリプトファン）などの血中濃度も低下するとの報告もあります。ですから、いくらロイシンがよいといっても、これだけを摂ればよいわけではなく、**ロイシンを摂取する場合は、他の必須アミノ酸もいっしょに摂取するほうが筋肉をつくる上では、より効果が高い**と考えられます。

つまり、必須アミノ酸は9種類のうち、ひとつだけ摂取しても筋肉は増えず、また、9種類のうちどれかひとつが欠けても、筋肉はうまくつくられないということです。これまでの研究では、9種類の必須アミノ酸を適量摂った上で、そのうちの**ロイシンの割合を通常の約26％から約40％まで高めると、筋タンパク質の合成に有効である**ことが明らかになりました。

なお、9種類の必須アミノ酸が含まれている食品としては、鶏卵、鶏肉、豚肉、牛肉、アジ、イワシ、サケ、マグロ、大豆、牛乳があります。

なお、9種類のアミノ酸がバランスよく含まれているかどうかを示す数値として「アミノ酸スコア」があります。アミノ酸スコアが100であれば、バランスがよいということになります。これらの食品は、アミノ酸スコアが100となります。

一方、精白米のアミノ酸スコアは65、パンは44。主食だけでは必須アミノ酸を十分に摂ることができませんね。ですから、朝食にはアミノ酸スコアが100である卵や牛乳を添えると、完全な朝食になると言われています。

卵や牛乳は、アレルギーさえなければ、日々の食事に組み込みたい食品です。

なお、高齢になると、筋肉量が減っていきます。高齢者の体では、タンパク質がつくられにくくなるのです。タンパク質の元になる物質が体内に入って筋肉組織に届いても、筋肉のタンパク質がつくられにくくなります。

しかし、先ほどお話ししたように、ロイシンのように適切なアミノ酸を多めに摂取すれば、筋肉内でタンパク質の合成が促進されることも明らかになっています。

年とともに、しっかりとタンパク質を摂るように心がけましょう。

ダイエット中には口さみしい時もあるもの そんな時には、あたりめとところてんがオススメ

ダイエット中は甘い物は控えたい。でも、口さみしい時はあるもの。

そんな時にオススメなのは、あたりめ（するめ）。

低カロリーで糖質を含まないので、ダイエットにうってつけです。

かめばかむほど味が出てきて、なかなか味わいがありますし、これをかんでいると、アゴが疲れてきて、ほかの食べ物には手が出なくなるもの。

私はよく、お酒のアテにします。

あたりめをかんでいると、いずれ食べる量が減って飲むだけになり、余分なカロリーを摂らずにすみます。

ただし、あたりめにはプリン体が含まれているので、尿酸値が高い方は大量に食べないよう注意してください。

お話は戻って、内臓脂肪と尿酸の関係にも少し触れます。

現在では、高尿酸血症（痛風）はプリン体を含む食品の摂りすぎだけが原因ではなく、内臓脂肪が分泌するインスリンの効きを悪くするサイトカインの増加によって、尿酸が産生され、尿酸の排泄が低下することによって引き起こされると考えられています。

ここでも、内臓脂肪がどれほどさまざまな病気にかかわっているのか、おわかりいただけるでしょう。

内臓脂肪が高尿酸血症の発症にかかわっているとはいえ、食事からのプリン体の摂りすぎにも注意が必要です。プリン体の摂取量は、１日４００㎎程度まで抑えたいものです。あたりめのプリン体は、１００gあたり１８６・８㎎。これを目安に食べすぎないようにしましょう。

私はどちらかというと苦手で、あまり口にすることはないのですが、あたりめのほかに、**ところてんもダイエットに最適。**１００gあたり１kcalと超低カロリーで食物繊維も含まれています。

サラリーマンのランチは具材たっぷりのものを定食なら野菜の小鉢つきが理想的

朝、出勤してからお昼までの間、働く人はストレスいっぱいの生活をしていると思います。そこで、気分をリフレッシュさせる意味でもおいしいものを食べたい、という気持ちにはとても共感できます。

でも、ランチもバランスを重視しましょう。最近では、社員食堂も栄養のバランスを重視したヘルシー志向のメニューを提供しているところも多いようですね。

時間がない時でも、ざるそばやカップラーメンなどですませないようにしたいものです。麺類は、できるだけ具材が豊富なものを選びましょう。

麺類なら具だくさんのメニューに。

ちゃんぽんや五目そばなどがオススメです。

ちゃんぽんは、海鮮類や野菜がたっぷり入っていてよいですね。

ラーメンは野菜が足りないので、もやしやわかめをどっさり追加して、できるだけ具だくさんにしましょう。

そばやうどんなら、麺だけでなく、卵やてんぷらを添えたり、わかめやとろなどをトッピングしましょう。

コンビニでランチを買う時には、サラダも購入し、ベジファーストの意味で先にサラダを食べるとよいですね。

定食で言えば、焼き魚定食や煮魚定食がヘルシーではありますが、私自身はハンバーグ定食やエビフライ定食が大好物で、絶対にオーダーしないメニュー。これらの定食には野菜の小鉢やサラダを添え、それをベジファーストの原則にのっとって先に食べるようにしましょう。

どのメニューにしても、ダイエット中はご飯や麺類など炭水化物の量はできるだけ減らすように心がけます。

注文の時に、ご飯や麺の量を少なめにしてもらうと、食べ残しも減らすことができますね。

お酒自体ではなく、おつまみや料理が肥満を招く
本格焼酎は抗血栓作用がダントツ

よく太るお酒、太らないお酒はあるのでしょうか、と訊かれることがあります。お酒の種類によって肥満したりしにくかったりすることは、あまりないでしょう。それよりもむしろ、**お酒とともに食べるおつまみや食事のほうに原因がある**のだと思います。ポテトチップス、肉じゃが、唐揚げを食べて、〆にラーメンといった食べ方は、デブまっしぐらです。

なお、適量のお酒を飲むと、血栓を溶かす作用のある体内の「t-PA（アルテプラーゼ）」や「u-PA（ウロキナーゼ）」という2つの酵素が活性化する働きがあることが知られています。

この血栓をつくりにくくする作用（抗血栓作用）は、本格焼酎がもっとも強い、という研究論文が発表されています。

本格焼酎とは、昔からの蒸留法でつくられた、添加物を含まない焼酎を指します。この**本格焼酎は、ワインに比べて抗血栓作用が約1・4倍強い**と言われています。

本格焼酎は1回しか蒸留しないので、甲類焼酎（もろみを連続して投入しながら蒸留してつくる焼酎）より香りが強く残ります。この香りの成分にも抗血栓作用があるので、香りを嗅《か》ぐだけでも効果が得られます。

日本人の場合、純粋なアルコール量にして1日平均30gを超えないのが適度な飲酒の基準です。

アルコール度数25度の焼酎なら約110mℓ（0・6合）が適量です。

これはもうすでに知られていることですが、赤ワインにはポリフェノールの1種であるレスベラトロールが含まれています。ポリフェノールは抗酸化作用により、体をサビさせる体内の活性酸素に対抗します。

これまでの研究で、**赤ワインには動脈硬化や認知症を予防する可能性が指摘されています**。

赤ワインであれば、日本人では、1日あたり125～250mℓ程度が適量です。

果物は、甘さにつられてつい食べすぎてしまうことも……1日の適量は、小さなりんご1個を目安にして考える

1日に摂るべき果物の量は、約200g。大体小さなりんご1個を目安にしてください。果物はビタミンを含むので、体にとって大切な食べ物ですが、適量を超えて食べすぎてしまうのが難点です。適量を摂るのがむずかしい食べ物と言ってよいでしょう。

たとえば、私が住む愛媛では、冬場に血糖値を悪くする患者さんが多く見られます。そういった患者さんに訊いてみると、「みかんをもらったから、腐らせたらもったいない」と1日に3、4個食べたりしています。人によっては、10個も平らげてしまう方もいます。

そのため、みかんが特産のここ愛媛では、冬に血糖値が悪化する人が続出することになります。ですから、みかんはせいぜい1個か2個にしましょう、と患者さん

にアドバイスしています。

また、**果糖は摂りすぎると中性脂肪を増やすので、太りやすくなります。**

そして、**摂りすぎた果糖はＡＧＥｓの元になりやすい**のです。ＡＧＥｓとはAdvanced Glycation Endproductsの略で、終末糖化産物と訳されます。これは、グルコース（ブドウ糖）がタンパク質と結合してできるさまざまな化合物を総称しています。血糖が高い状態が続くと、血液中や臓器の細胞の中でＡＧＥｓがつくられ、それが血管や臓器にダメージを与えます。

ブドウ糖だけでなく、果糖もすみやかにＡＧＥｓをつくることがわかっています。さらに果糖は、より毒性の高いＡＧＥｓをつくるので、より注意が必要と言われています。１日に食べる果物の適量は、小さなりんごを基準にして考えます。りんごを分割して、３分の２はバナナ、６分の１は梨、残り６分の１はぶどう、といった具合です。

青森なら、特産のりんごの食べすぎでＡＧＥｓを増やしてしまうかもしれない、と想像していますが、どうでしょうか。

一見、スマートな若い女性も実はお腹に内臓脂肪をため込んでいることも……

若い女性で見た目を気にするあまり、カロリーだけに目を奪われたダイエットをする人がいます。カロリーの大半を、甘い物や炭水化物系の食べ物から摂っているのです。これは、とてもバランスが悪い食べ方です。

こういった人は、**見た目はスリムですが、内臓脂肪をため込んでいる**ことがあります。一方、先ほどご紹介した**AGEsも多くなることで骨はもろくなっているこ**とが推測されます。これでは、閉経後に骨粗しょう症まっしぐらです。

骨粗しょう症とは、骨の量が減ったり、骨がもろくなったりして、背骨や腰の骨、足の付け根などが骨折しやすくなった状態のことです。骨粗しょう症を鉄筋コンクリートの建物にたとえれば、コンクリート部分がもろくなって、鉄筋部分がさびた状態と表せるでしょう。コンクリート部分はカルシウムからできている骨量にあたり、鉄筋部分はコラーゲンでできた骨質にあたります。コンクリートの量が減ることに加え、鉄筋同士をつなぎとめる梁《はり》（ビス）のような物質が変化する（AGEs化する＝サビつく）ことで、骨粗しょう症は進行すると言われています。

骨が形成される成長期、若い時期に骨量（骨密度）を高めておくことが必要です。骨量は30歳がピークで、これを境に骨量は下降カーブを描いてどんどん落ちていきます。女性は閉経すると、女性ホルモンであるエストロゲンが欠乏して、新しい骨がつくられにくくなります。

70歳以上の女性では、半数以上が骨粗しょう症であると推定されています。先のことを視野に入れれば、若い時に骨をしっかりつくっておく重要性がおわかりいただけたでしょう。そのために、しっかりと栄養を摂ってほしいものです。

骨の形成にはタンパク質のほか、ビタミンDやビタミンKが必要です。ビタミンDは魚やキノコ類に、ビタミンKは納豆や小松菜などに多く含まれています。

スリムだけど骨はスカスカ、などということにならないよう、将来の生活も想像しつつ食事を考えましょう。

イソフラボンが分解されてできる「エクオール」は閉経後、女性ホルモンの激減により肥満する女性の味方

大豆に含まれているイソフラボンが体にいいことは、皆さんもご存知ですよね。エストロゲンに似た構造を持っているので、更年期症状を抑えたり、また抗酸化作用もあるので、血管が若返ることも証明されています。そのイソフラボンが体内で分解されてできる「エクオール」という物質が、閉経後の女性の健康にとってとても大切であることがわかってきました。このエクオールは、善玉とされる腸内細菌、「エクオール産生菌」の酵素の働きによってイソフラボンからつくられます。

人の顔がそれぞれ異なるように、腸内細菌も人によって持っている種類がいろいろです。そのため、このエクオール産生菌を保有していない人もいます。こういった人は、イソフラボンを摂取してもエクオールが産出されないことになります。

肥満患者でエクオールをつくれない割合は67・9％。一般の健康な人がエクオー

ルをつくれない割合が大体50%ですから、肥満している人はエクオールをつくる傾向が低いと見られます。エクオールは、更年期症状や骨の代謝の改善、閉経後の女性の肥満やメタボリック症候群の改善、しわなどの肌の老化などにかかわっています。さらに私たちの最近の研究では、エクオールがつくれない場合は認知機能低下にもつながる可能性があることがわかっています。

エクオールがつくれるかどうかは、尿を採取してエクオールの含有量を調べることでわかります。でも、エクオールがつくれないとわかっても、がっかりしないでください。サプリメントという手も考えられるのです。京都医療センター（当時）の臼井健先生がこんな研究を行っています。メタボリック外来を受診している薬物治療中の肥満患者49人にエクオールを12週間1日10㎎摂取してもらい、さらに12週間プラセボ（偽物）を摂取してもらう、という方式の試験を行ったところ、エクオールを摂取した群のほうが血糖値が改善し、血管年齢が若返ったのです。

エクオールは、閉経後の女性の味方とも言えます。最近では、更年期の女性に多い「ヘバーデン結節」と呼ばれる関節の痛みにも効果があるという報告もあります。

高齢者はちょい太目が長生きという多くのデータあり お腹は出ず、うっすら皮下脂肪がついている体型が理想的

65歳以上の高齢者であれば、ＢＭＩが25であれば長生きするというのが世界的に認められています（ＢＭＩとはBody Mass Indexの略で、肥満度を表す体格指数。体重（kg）÷身長（m）の２乗で計算できます）。今の私はＢＭＩがちょうど24台ですから、だいたいこの理想的な数字に近いと考えています。

また、認知症を予防するという観点では、私たちの研究で、高齢者では皮下脂肪はある程度あったほうが認知機能の低下を防ぐ可能性があることが明らかになっています。私が所属する抗加齢ドックを受診した人のデータを解析して、高齢者と軽度認知障害と脂肪の関係を調べました。

ＣＴ装置でへその高さで撮影した写真をもとに、皮下脂肪と内臓脂肪の面積を計測して、認知機能低下との関係を調べたのです。

すると、軽度認知障害の男性は明らかに皮下脂肪面積が少なく、しかも、善玉のサイトカイン、アディポネクチンが健康な男性より低いことがわかりました。

一方、内臓脂肪の面積には差がありませんでした。

男性では、皮下脂肪はある程度あったほうが、認知機能の低下を防ぐ可能性があると考えられます。女性でも、同じような傾向が見られます。

以上をまとめると、中年期までは内臓脂肪がたまるような肥満は予防して、善玉のサイトカイン、アディポネクチンが多く分泌されるように心がけることが大事である、ということになります（なお、アディポネクチンは、やせていても太っていても正常に分泌されず、標準的な体格の人の血液中に多く存在するという特徴があります）。

そして、高齢期に入ったら、体重が極端に減少しないように防止することがポイントになってきます。

ちょい太目、小太りくらい、しかし、お腹は内臓脂肪をため込まずぽこんと出ていない——そんなBMI25をめざしましょう。

入浴法にもダイエットの味方になる秘訣が……
ぬるめのお湯にゆっくりと半身浴がオススメ

バスタイムをダイエットに利用するとしたら、どんな入浴法がよいでしょうか？**減量のための入浴法としては、ぬるめのお湯（39〜40℃）に下半身だけつかる半身浴が適当**です。

お湯の温熱作用で体を温めることで、体内の血流はアップし、新陳代謝が促されます。また、お湯の水圧が全身を適度に締め付けることでマッサージ効果が得られますが、首から下をお湯に浸す全身浴では全身に水圧がかかり、圧迫感が出てきます。ですから、ある程度長時間かけて効果を出すには半身浴がベターなのです。

さらには、水中では重力がかからないため（10分の1程度）、重力から解放されて筋肉や関節の緊張がゆるむことでリラックス効果もあります。

私はお風呂が大好きで、1時間でも入っていられるのですが、ぬるめの湯温で、のんびりと入浴を楽しみましょう。浴室の温度が高いままではのぼせる心配があるので、浴室の戸は開けるようにしています。

ついでに、動脈硬化を予防するための入浴法について、触れておきましょう。私が所属する抗加齢・予防医療センターでは、動脈硬化を予防するためのお風呂の温度や時間、頻度について研究を行いました。

これは、70℃程度のサウナに入った場合、心臓や脳の疾患予防になるという論文がたくさん出ているので、それを参考にして行った研究です。

その結果わかったのは、**41℃の湯温で平均12分、週5回以上入ると効果がある**ということでした。

なお、サウナは新陳代謝を促す効果はありますが、痩身効果はさほど期待できません。

日本のサウナは、一般に80~90℃と高温なので、長時間入ることはあまりオススメしません。サウナは、体を温める程度に2、3分間利用するとよいでしょう。

そして脱水を防ぐため、水分補給をお忘れなく……。

ぐっすり眠ることでダイエットが加速します
就寝1時間前はスマホの電源を切りましょう

睡眠不足になると食欲が増すことは、まちがいのないところです。

睡眠不足の状態では、副腎皮質ホルモンの産生が促されます。そのホルモンの代表的なものがコルチゾールです。コルチゾールは外からのストレスに耐えるためのホルモンですが、増加すると、脂肪を貯える方向に働きます。

人間の場合、**コルチゾールはこれから活動していくという、朝の時間帯に交感神経が緊張するとともに増えていく**ものです。しかし、**それが増えすぎると、おそらく食欲が増進して、過食、どか食いに向かいやすい**のだと思います。

また、寝る直前までスマホを見ていると、自然な眠りを誘うメラトニンというホルモンの分泌が減って、なかなか寝つけなかったり、就寝しても深い眠りに入れなかったり、すぐに目がさめたりするといった睡眠障害に陥《おちい》りやすくなります。

メラトニンは睡眠・覚醒《かくせい》リズムを調整する作用のある大切なホルモン。明るい光にさらされるとメラトニンの分泌が抑えられます。スマホの光にさらされると、夜間であってもメラトニンの分泌量が低下してしまうのです。**就寝1時間前には、スマホをオフにする習慣**をつけましょう。

また、睡眠時無呼吸症候群があれば、睡眠中なら本来休んでいるはずの交感神経が活性化して十分な睡眠がとれません。

すると、血圧が上昇して、ストレスもたまり、どか食いの原因になります。

睡眠時無呼吸症候群とは、典型的には睡眠中に複数回、呼吸が10秒以上止まる病気です。1時間あたり、5回以上無呼吸であったり、呼吸が弱くなっている場合、睡眠時無呼吸症候群と診断されます。睡眠時無呼吸症候群は、心臓や脳、血管に負担をかけ、高血圧症、脳卒中、狭心症、心筋梗塞などが合併するリスクが高くなることがわかっています。

睡眠時無呼吸症候群には、ほとんどいびきを伴います。いびきや無呼吸がある、とまわりの人に指摘されている人は、一度専門医に相談するとよいでしょう。

この運動も取り入れたい②

片足立ち

片足で立つと、体に適度な負荷がかかり、足の筋肉を効率よく鍛えられます。筋肉だけでなく、骨や神経も同時に刺激し、体を動かすバランス力を高めます。また骨密度が上がる上、高血糖・高血圧の予防にも……。単純ですが、さまざまなメリットのある運動です。歯を磨いたり、テレビを観ながらでもできます。

① **両足をそろえて立つ**

足裏全体を床にしっかりつけます。視線はまっすぐ正面を向いて、背すじを伸ばします。

② **太ももを上げて静止する**

太ももを上げ、床と平行になるように膝を90度まで曲げたまま1分間静止します。この時、太もも、ふくらはぎ、足裏を意識します。反対側の足も同様に行います。

連続して1分間立っていられない時には、細切れで60秒というふうに合計してもOK。指1本でどこかにつかまったり、壁や椅子を支えに行ってもかまいません。支えがなくても片足立ちができるように、少しずつ練習していきましょう。1日3回行います。

※痛みを感じたり体調が悪くなった場合には止めて、専門医にご相談ください。

すわって片足上げ

椅子にすわったままでも、太ももを鍛えられます。仕事の合間や電車の中でも行えます。

①

すわったまま、足を上げる

椅子にすわって、椅子の端を持ちます。まっすぐ前を向き、背すじを伸ばしてすわり、 ゆっくりと足を10~15cm上げます。

②

足を床面ぎりぎりまで下ろす

持ち上げた足を床につく直前で止め、再び上げます。①~②をゆっくり10回繰り返します。反対の足も同じように行います。

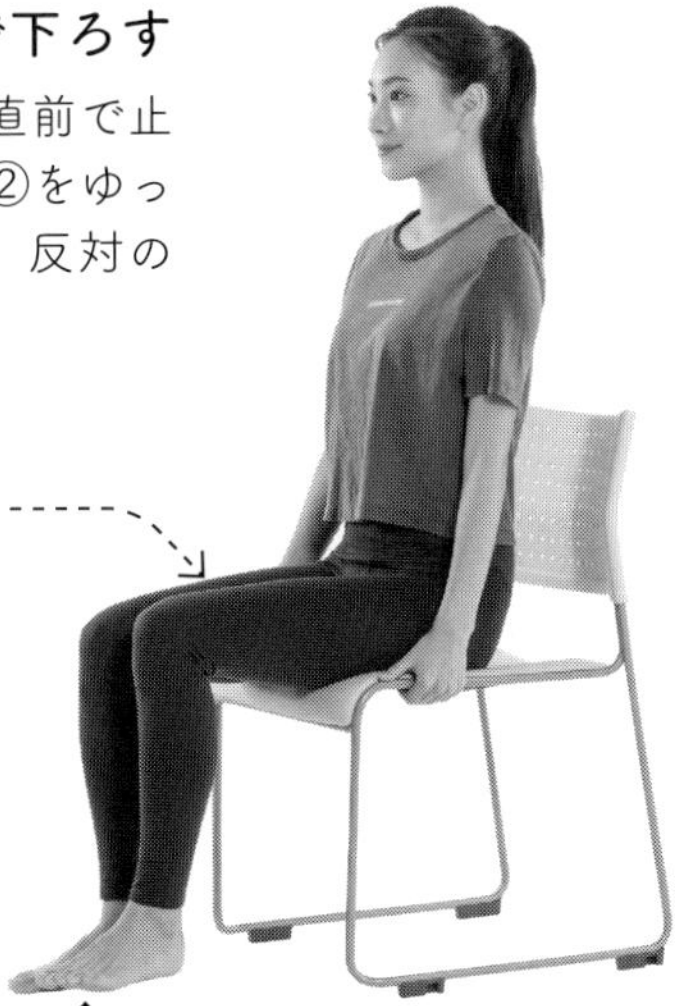

太ももを意識して

床につく直前で止めて、
再び上げる

10cm上げられない人は、上げられる高さでかまいません。太ももの前の筋肉（大腿四頭筋）を意識して。1日3回行いましょう。

あとがき

2019年から続くコロナ禍において、多くの方々が日常生活に困難を極めている中、この本を出版することになりました。

COVID-19は、「肥満」が重症化を引き起こす大きな原因になることがわかっています。

この本を読んでいただき、肥満（特に内臓肥満）を改善していただくことで、より健康的な生活をおくっていただけると思います。

私自身の人生の中で、アメリカ留学は研究者としての大きな転機になりましたが、一方、健康のことを考えると、内臓肥満を増悪させた非常に問題の多い1年半でもありました。

帰国後、立ち上げた愛媛大学医学部附属病院抗加齢・予防医療センターでは、受診者の方に「内臓脂肪を減らしてアンチエイジング生活をおくりましょう」とご指導しながらも、自分自身はさほど生活習慣を顧みていなかったことは反省しなくてはなりません。

そんな中、本編にもご紹介しましたが、私自身はあるきっかけをもとに「100回ジャンプ」を基本にして、体重を約10kg減らすことに成功しました。

当初は抗加齢ドックでも、受診者の皆様に100回ジャンプをご指導したのですが、多くの方が「そんなに急にジャンプして、大丈夫ですか」という疑問を持たれました。

そこで本書では「効果はゆるやかだとしても、無理なく続けていただける方法」として「ゆるジャンプ」とネーミングを変えました。

実際の受診者および患者様の経験談を伺うにつけ、「ゆるジャンプ」の効果は間違いないものであると自信を深めております。

一日も早くコロナ禍が終焉《しゅうえん》を迎えることを祈念して、あとがきといたします。

2021年7月25日

伊賀瀬道也

Staff

デザイン　尾形 忍（Sparrow Design）
撮　影　豊島正直
モデル　横川莉那
ヘアメイク　成澤宏人（bruna）

国立大学教授・医師が考案 自身の肥満体形を克服した
1分 ゆるジャンプ・ダイエット

2021年９月17日　第１刷発行
2021年11月２日　第３刷発行

著　者／伊賀瀬道也

発行者／佐藤敏子

発行所／冬樹舎
〒216-0023　神奈川県川崎市宮前区けやき平 1-6-305
TEL：044-870-8126　FAX：044-870-8125
URL：http://www.toujusha.com

発　売／サンクチュアリ出版
〒113-0023　東京都文京区向丘 2-14-9
TEL：03-5834-2507　FAX：03-5834-2508
URL：http://www.sanctuarybooks.jp/

印刷・製本／三松堂株式会社